Arduino auto driving rc car

완전
개정판

아두이노 자율주행 RC카
만들고 직접 코딩하기

앤써북
ANSWERBOOK

아두이노 자율주행 RC카 [완전 개정판]
만들고 직접 코딩하기

초판 1쇄 발행 | 2020년 12월 30일

지은이 | 서민우 박준원 공저
펴낸이 | 김병성
펴낸곳 | 앤써북

출판사 등록번호 | 제 382-2012-0007 호
주소 | 경기도 고양시 일산 서구 가좌동 565번지
전화 | 070-8877-4177
FAX | 031-919-9852
ISBN | 979-11-85553-68-9 13000

도서문의 • 앤써북 http://answerbook.co.kr

앤써북은 독자 여러분의 의견에 항상 귀기울이고 있습니다.

[부품 사용 안내]
이 책은 다양한 전자 부품을 활용하여 예제를 실습할 수 있습니다. 단, 전자 부품을 잘못 사용할 경우 파손
외 2차적인 피해가 발생할 수 있으니, 실습 시 반드시 책에서 표시된 내용을 준수하여 사용해야 함을 고지
합니다.

Preface

머리말

이 책은 필자의 다섯 번째 책인 [아두이노 자율 주행 RC카 만들고 직접 코딩하기]의 내용을 전면 개정한 [완전 개정판]입니다.

아두이노 RC카를 주제로 한 첫 강의는 2015년 11월 경기과학기술진흥원에서였습니다. 수강자는 30명 정도로 현대 모비스, LG CNS, NHN 등에서 온 전문 엔지니어들이 대부분이었습니다. 전문 엔지니어들에게 아두이노 RC카란 주제가 너무 가볍지 않을까 걱정을 하였는데 의외로 아주 흥미롭게 수업에 참여하는 모습을 보았습니다. 이후에도 서경대, 전북테크노파크, 판교 디바이스 랩 등에서 대학생, 일반인, 전문가, 비전문가 등을 대상으로 여러 차례 아두이노 RC카 강의를 진행하였는데, 전체적으로 수업에 대한 참여도가 아주 높았습니다. 필자는 이러한 과정에서 결과물이 있는 프로젝트 위주의 교육이 아주 효율적이라는 것을 알았습니다.

필자는 수업중에 RC카의 여러 가지 기능, 예를 들어 진행 방향에 따른 좌우측 후미등 깜빡이기, 어두워지면 자동으로 전조등 후미등 켜기, 전방에 물체가 있을 시 비상 정지하기 등의 기능 구현을 요구하였습니다. 단순히 LED를 깜빡이거나, 모터를 돌리거나, 빛센서 값을 읽어보는 형태의 교육이 아닌 목적에 맞게 RC카의 좌우측 후미등을 깜빡이거나, 주행 방향에 따라 좌우측 모터를 조절하거나, 어두워지면 전조등, 후미등을 켜는 형태의 교육을 했을 때 수강생들은 더욱더 집중하였고 때로는 어려운 부분이 나오더라도 적극적으로 극복하려는 모습을 보여주었습니다.

이 책은 아두이노 RC카를 중심으로 여러 가지 기능을 구현하는 방법을 소개하고 있습니다. 이 책에서는 크게 두 가지 프로젝트를 다루고 있습니다. 첫 번째는 무선조종 RC카 프로젝트이고, 두 번째는 자율주행 RC카 프로젝트입니다.

무선조종 RC카 프로젝트에서는 사용자 입력에 따라 전진, 후진, 좌회전, 우회전, 정지 하기, 주행 속도 조절하기, 안드로이도 어플로 조종하기 등의 내용을 다루고 있습니다.

자율주행 RC카 프로젝트에서는 전조등, 후미등 점등, 소등하기, 방향 전환시 후미등 자동 점멸하기, 야간에 전조등, 후미등 자동 점등하기, 초음파 센서로 물체 감지하기, 물체 감지시 자동 정지하고 우회하기 등의 내용을 다루고 있습니다.

필자는 현재까지 드론, RC카를 주제로 책을 집필하였으며, 6족 로봇, 스마트 홈, 균형 로봇에 대한 코딩을 주제로 책을 준비하고 있습니다.

독자 여러분이 이 책을 통해 좀 더 재미있는 코딩을 경험하기를 바라며 글을 마칩니다.

서민우 씀

Reader Support Center

독자 지원 센터

독자 지원 센터는 이 책을 보는데 필요한 책 소스 파일, 프로젝트 파일, 독자 문의 등 책을 보는데 필요한 사항을 지원합니다.

책 소스 및 프로젝트 파일

이 책과 관련된 실습 소스 및 프로젝트 파일은 앤써북 카페(http://answerbook.co.kr)의 [도서별 독자 지원 센터]–[아두이노 자율주행 RC카 직접 코딩하기] 게시판을 클릭합니다. 3415번 [공지] 글 《[소스 다운로드]아두이노 자율주행 RC카 직접 코딩하기 [2판]_책 소스 프로젝트 파일 다운로드 받기》 게시글을 클릭한 후 안내에 따라 다운로드 받으시면 됩니다.

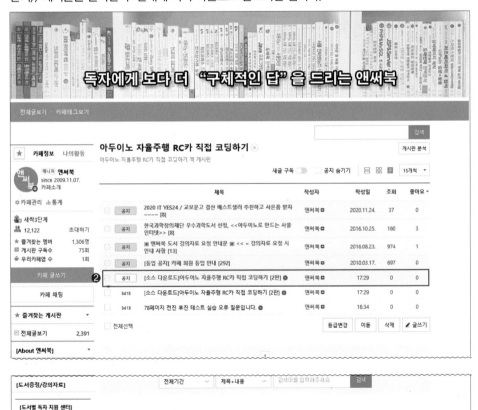

독자 문의

책을 보면서 궁금한 내용은 앤써북 카페(http://answerbook.co.kr)의 [도서별 독자 지원 센터]–[아두이노 자율주행 RC카 직접 코딩하기] 게시판을 클릭합니다.

우측 아래의 [글쓰기] 버튼을 클릭한 후 제목에 다음과 같이 "[문의] 페이지 수, 질문 제목"을 입력하고 궁금한 사항은 아래에 작성 후 [등록] 버튼을 클릭하여 등록합니다.

등록된 질의글은 저자님께서 최대한 빠른 시간에 답변드릴 수 있도록 안내합니다.

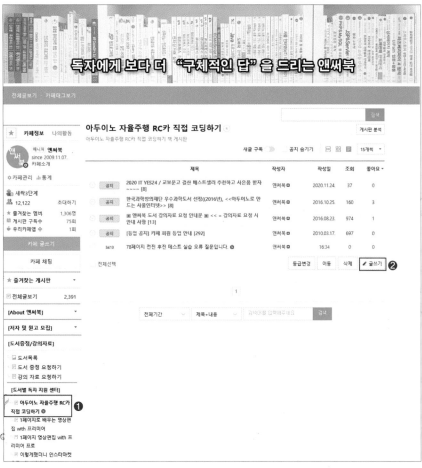

Hands-on supplies

이 책의 실습 준비물

이 책에서 사용하는 전체 부품은 《아두이노 자율주행 RC카 키트》에 모두 포함되어 있습니다. 단, 아두이노 우노 R3 보드, HC06 블루투스 모듈, 18650 배터리 등은 옵션이며, 선택 구매할 수 있습니다.

※ 볼트 규격은 M3 x 14mm입니다.

※ 볼트 규격은 M3 x 30mm입니다.

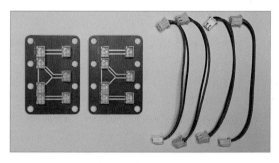

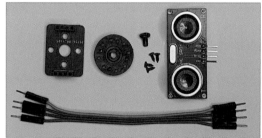

※ 볼트 규격은 M1.7 x 5mm입니다

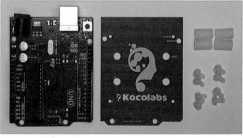

※ 볼트 규격은 M3 x 5mm, 지지대는 M3 x 10mm입니다.
※ 키트 구매시 아두이노 보드는 선택 부품입니다.

※ 배터리는 18650, 3A입니다.
※ 키트 구매 시 18650 배터리는 선택 부품입니다.

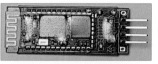

※ HC06 블루투스 모듈
※ 키트 구매시 HC06 블루투스 모듈은 선택 부품입니다.

Contents

목차

Chapter 01
아두이노 자율주행 RC카 준비하기

Chapter 02
아두이노 스마트 RC카 시작하기

Contents

목차

Chapter 03

무선 조종 RC카 프로젝트

자율주행 RC카 프로젝트

Chapter 04

Contents

목차

Arduino
RCcar

이 장에서는 자율주행 자동차란 무엇인지 구성요소는 무엇인지 살펴봅니다. 또한 전기 자동차에 대해서도 살펴봅니다. 왜 전기차로 가야하는지 일반자동차와의 차이는 무엇인지 알아봅니다. 마시막으로 전기차와 구조가 비슷한 아두이노 RC카 DIY 방법에 대해서 살펴봅니다.

아두이노 자율주행 RC카 준비하기

01 자율 주행 자동차의 이해

자율주행 자동차란 운전자가 가만히 있어도 자동차 스스로 도로의 상황을 파악해 자동으로 주행하는 차를 말합니다. 즉, 운전자가 브레이크, 핸들, 가속 페달 등을 제어하지 않아도 자동차 스스로 판단과 제어를 하는 자동차를 의미합니다.

▲ 볼보 자율주행차 / 볼보자동차코리아 제공

자율주행 자동차는 운전자에게는 이동시간에 다른 일을 할 수 있는 여유를 주고, 도로 위의 각종 사고를 줄여주는 동시에 연료를 절감하고 오염물질 배출을 줄이는 등의 장점을 가지고 있습니다.

자율주행 자동차 기술

자율주행 자동차가 실현되기 위해서는 이미 개발했거나 앞으로 개발해야 할 스마트 기술들의 결합이 필요합니다. 그 기술에는 센서(인지), 매핑(비교), 인식 판단(해석), 통신(명령) 등이 있습니다.

여기서 센서는 사람의 눈과 귀를 대신해 주변 환경을 정확히 인지할 수 있도록 도와주는 카메라(Camera), 레이더(Radar), 라이다(LIDAR), 전방 감지 센서 등으로 이뤄집니다. 또한, 이를 통해 수집된 데이터가 거리, 도로 상황 등을 점과 선의 좌표로 나타내는 매핑(비교)이 되면, 각종 센서를 통해 수집된 데이터를 해석, 조향, 가속, 감속, 정지 등의 상황에 따라 적합한 운행을 하게 됩니다.

자동차의 자율주행을 위해선 차 간 충돌을 막아주고 차 간 거리를 자동으로 유지하는 고속도로 주행보조 시스템(HDA) 기술이 필수적입니다. 이와 함께 차선이탈 경보 시스템(LDWS), 차선유지 지원 시스템(LKAS), 후측방 경보 시스템(BSD), 어드밴스드 스마트 크루즈 컨트롤(ASCC), 혼잡구간 주행지원 시스템(TJA), 자동 긴급 제동 시스템(AEB) 등의 기술들이 복합적으로 사용됩니다.

다음은 미국 도로교통안전국(NHTSA, National Highway Traffic Safety Agency)의 자율주행 기술 발전 단계를 나타냅니다.

1단계	**특정 주행조건 아래서 개별 기술이 작동** 자동감응식 정속주행(ASCC), 차선유지 지원 시스템(LKAS) 등
2단계	**자율주행 기술들이 통합되는 기능** ASCC와 LKAS의 결합으로 고속도로 주행 때 앞차와의 간격유지 및 자동 조향 가능
3단계	**운전자 조작 없이 일정 부분 자율주행** 신호등, 횡단보도 인식, 교통흐름 고려해 스스로 차선 변경
4단계	**도어 투 도어(Door to Door)** 시동 켠 이후 목적지 도착 및 주차까지 마치는 완전한 자율주행

▲ 자율주행 기술발전 단계

미국 도로교통안전국(NHTSA, National Highway Traffic Safety Agency)의 차량 자율화 수준 구분에 따르면 현재 자율주행 자동차 수준은 2~3단계로, 아직까진 '완전 자율주행 자동차 수준'인 4단계에 미치지 못합니다.

자율주행 자동차 기술개발 동향

세계 주요 자동차 업체의 자율주행 자동차 개발 동향을 살펴보면 볼보와 벤츠가 시범운행에 성공했으며, 포드와 GM도 적극적인 기술개발에 나서고 있습니다. 도요타, 닛산 등이 자율주행차 시범 모델을 공개하였고, 현대/기아차도 자율주행차 개발을 진행하고 있습니다.

주요 ICT 기업들도 자율주행차 기술개발에 나서고 있습니다. 구글은 구글카, 애플은 애플카 등을 준비하고 있습니다. 특히 구글의 자율주행차의 시험 주행거리는 100만km를 넘겼으며, 자체 운영체제인 안드로이드를 적용한 안드로이드카를 선보일 예정입니다.

다음은 세계 주요 업체의 자율주행 자동차 기술개발 동향을 설명한 표입니다.

업체	동향
Google	Audi, GM, Honda, HMC 등과 OAA(오픈 자동차 연결) 결성 자율주행 자동차 시험주행 거리 80만km 이상(2013년 3월) 운영체제는 물론 자율주행 자동차 관련 헤게모니 지배 목적 [예] 우버
M-Benz	2013년 9월 S500 연구차량으로 100km 자율주행 성공 2020년까지 상용 자율주행 자동차 출시하겠다 선언
Volvo	2013년 7월 운전자의 개입 없이 레이더, 센서 등 장비를 기반으로 시속 90km 주행 성공 2017년까지 자율주행차 100대를 일반도로에서 달리도록 하는 프로젝트 완성 계획
Renault	더 네스트 투(The Nest Two)로 불리는 자율주행차 개발 중, 가격 문제만 없다면 2016년 상용화 할수 있다고 예상
Audi	2013년 스스로 주차가 가능한 무인주차 기술 공개
Ford	2025년까지는 완전한 자율주행차 출시 계획 없어
GM	2018년 쉐보레 캐딜락에 고속도로에서 상황을 고려해 스스로 속도와 간격을 조정하는 Super Cruise라는 반자동 드라이빙 기술 탑재 선언
Nissan	자율주행차 상용화 가능 시점 2020년 전망
Honda	2020년 자율주행차 출시 계획 발표
현대/기아차	현대모비스를 통해 2025년까지 완전 자율주행차 출시 발표

▲ 주요 업체의 자율주행 자동차 기술개발 동향 [자료 : 이베스트 투자증권]

자율주행 자동차 구성 요소

구글 자율주행 차량 구성 요소

다음은 구글 자율주행차량 주요 기능을 나타냅니다.

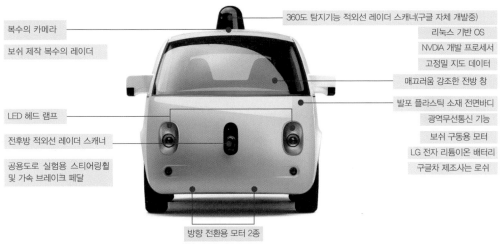

복수의 카메라

보쉬 제작 복수의 레이더

360도 탐지기능 적외선 레이더 스캐너(구글 자체 개발중)

리눅스 기반 OS

NVDIA 개발 프로세서

고정밀 지도 데이터

매끄러움 강조한 전방 창

발포 플라스틱 소재 전면바디

광역무선통신 기능

보쉬 구동용 모터

LG 전자 리튬이온 배터리

구글차 제조사는 로쉬

LED 헤드 램프

전후방 적외선 레이더 스캐너

공용도로 실험용 스티어링휠 및 가속 브레이크 페달

방향 전환용 모터 2종

▲ 구글 자율주행 차량 주요 기능

종류	기능	비고
Video camera	차량 전방에 부착되어 교통 신호 및 전방 물체 감지	
LIDAR(Light Detection And Ranging)	차량 지붕에 위치하여 60m 전방의 주변 물체를 감지, 3차원 지도 이미지 생성	벨로다인(Velodyne)의 제품으로 $70,000 수준으로 추정
Position estimator	왼쪽 앞바퀴 휠에 위치하여 차량의 움직임을 감지하고 현재 위치를 정확하게 측정	
Radar	앞 범퍼에 3개, 뒷 범퍼에 1개가 부착되어 다양한 물체와의 거리 측정	
수동 조작 전환 장치	비상시 수동 조작 기능	
중앙 제어 컴퓨터	운행 정보 수집 및 구글의 서버와 교신하여 실시간 조작 제어	구글의 디지털 맵 탑재 및 주기적 업데이트 수행

다음은 LIDAR에 의해서 감지된 3차원 이미지를 나타냅니다.

차량용 센서와 역할

자동차용 센서는 자율주행차의 핵심 기술로 주목 받고 있습니다. 자율주행 자동차는 센서를 통해 수집된 데이터를 이용하여 차량의 주행과 관련된 의사 결정을 빠르고 정확하게 실행해야 합니다. 이를 구현하는 차량용 센서는 다음과 같은 것들이 있습니다.

센서명	센서 종류	센서 역할	센서명	센서 종류	센서 역할
초음파			카메라		
레이터					

※ SRR : 단거리 레이더, LRR : 장거리 레이더

다음은 차량용 센서의 유형에 따른 감지 범위와 종류를 나타냅니다.

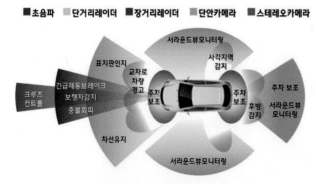

▲ 차량용 센서의 유형과 전형적인 자동차 위치

자율주행 프로세스

자율주행 자동차는 사람 대신에 운전하는 자동차입니다. 자동차 스스로 주변 환경을 인지하고 방향을 결정하고, 차량의 속도를 통제할 수 있어야 됩니다. 자율주행 자동차에게 가장 중요한 것은 '인지'하는 것입니다. 주변 환경을 인지하지 못한다면 자율주행 자동차의 운행은 불가능하기 때문입니다. 즉 자율주행 자동차는 '인지', '판단', '제어' 과정을 거쳐 자동차 스스로 운행이 가능해야 합니다.

다음은 자율주행 자동차의 프로세스를 나타낸 그림입니다.

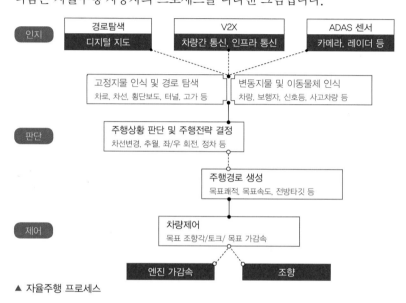

▲ 자율주행 프로세스

02 전기 자동차의 이해

왜 전기차인가?

석유는 산업화된 현대 사회에서 필수 에너지원 중 하나가 되었습니다. 석유가 산업혁명 당시 주 에너지원이었던 석탄을 밀어내게 된 데에는 자동차 엔진의 발명도 한몫을 했습니다.

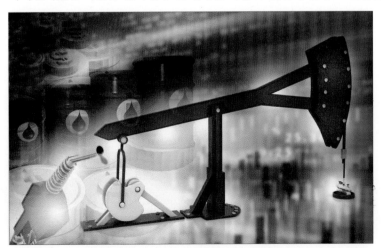

하지만 선진국들을 중심으로 화석연료를 사용하는 내연기관(ICE, Internal Combustion Engine) 자동차에 대한 규제가 빠르게 확산되면서, 질소 산화물 등 유해 물질과 이산화탄소를 배출하지 않는 전기 자동차가 미래 자동차의 대안으로 급부상하고 있습니다.

2016년 6월, 유럽 최대 산유국인 노르웨이 정부는 2025년부터 내연기관 자동차 판매를 전면 금지하는 법안에 사실상 합의했습니다. 내연기관 자동차의 판매 금지가 논의된 나라는 인도, 네덜란드 등 일부 국가가 있었지만, 판매 금지에 합의한 국가는 노르웨이가 처음입니다.

국가별 전기자동차 신규 등록수

14만 6,700(22만 5,720)	1만 4700(7만930)
7만 1,040(21만 330)	9,420(2만1,420)
2만 7,790(6만650)	4,380(1만30)
1만 7,270(4만 5,170)	2,960(4,770)
1만 2,080(3만 560)	2,540(4,060)

※ 괄호는 누적 등록 대수, 신규 등록 대수는 지난해, 누적 등록 대수는 지난해 말 기준임

▲ 세계 각국에서 전기차 수는 지속적으로 늘고 있다.

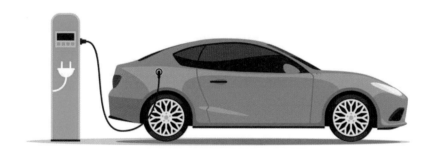

노르웨이의 이런 행보는 다른 나라에도 영향을 줄 것으로 예상됩니다. 약 2050년 정도면 도로에 보이는 대다수의 자동차가 전기차로 대체될 것으로 예상됩니다.

전기 자동차의 종류

전기차는 내연기관(ICE) 자동차와는 어떤 점이 다를까요?

다음은 전기 자동차, 하이브리드 자동차, 플러그인 하이브리드 자동차, 수소연료전지 자동차의 특징 등을 구분한 표입니다.

업체	전기자동차(EV)	하이브리드 자동차(HEV)	플러그인 하이브리드 자동차(PHEV)	수소연료전지자동차(FCEV)
동력발생 장치	모터	엔진 + 모터	모터 엔진(방전지)	모터
에너지(연료)	전기	화석연료, 전기	전기, 화석연료(방전시)	전기(수소로 생성)
구동형태				
특징	무공해 차량	내연기관/모터를 적절히 작동시켜 연비 향상	단거리는 전기, 장거리는 엔진사용	무공해 차량
주요차량	Leaf(닛산), i-miev(미쓰비시), 모델s(테슬라), ZOE(르노)	프리우스(도요타) 시빅(혼다)	Volt(GM), F3DM(BYD), Karma(Fisker)	투싼(현대), Equinox(GM), B-class (다임러), FCHV-adv(도요타)

▲ 자료 : KDB 산업은행 기술평가부

내연기관 자동차

연료의 연소가 기관의 내부에서 이루어져 열에너지를 기계적 에너지로 바꾸는 기관을 내연기관(ICE : Internal Combustion Engine)이라고 합니다. 쉽게 말해, 내연기관 자동차는 휘발유, 경우, LPG 등을 연료로 사용하는 자동차로 흔히 볼 수 있는 기존 방식의 차량입니다.

이 자동차는 화석연료를 사용하여 연소하기 때문에 질소 산화물과 같은 유해 가스와 미세먼지 등을 지속적으로 발생시키곤 합니다. 이는 각국이 전기차로 패러다임 변화를 추구하게 된 주 원인입니다.

하이브리드 전기차

하이브리드 전기차(HEV: Hybrid Electric Vehicle)는 전기차의 초기 방식입니다. '하이브리드'라는 단어의 사전적 의미는 '두 가지 기능이나 역할이 하나로 합쳐짐'입니다. 말 그대로 이용하는 에너지원을 보면, 내연기관(ICE) 자동차가 화석연료만 사용하는 것과는 달리, 화석연료와 전기를 함께 사용합니다.

그런데 주된 에너지원은 전기보다는 여전히 화석연료입니다. 배터리의 전기는 자동차 시동을 켤 때 등 순간적으로 큰 출력이 필요한 경우에 엔진을 돕는 형태로 작동합니다.

하이브리드 전기차(HEV)는 전기와 화석연료를 동시에 사용하기 때문에, 연비가 내연기관(ICE) 자동차에 비해 좋고 공해물질 배출이 상대적으로 적다는 장점이 있습니다. 다만 여전히 전기를 에너지원으로 활용하는 비율이 작기 때문에 배터리 용량도 작습니다.

▲ 쏘나타 HEV

하이브리드 전기차는 별도로 충전하지 않으며 주행 중 자체 발전기를 통해 자동으로 충전됩니다.

플러그인 하이브리드 전기차

플러그인 하이브리드 전기차(PHEV: Plug-in Hybrid Electric Vehicle)는 하이브리드 전기차(HEV)의 앞에 Plug-in이라는 말이 붙습니다.

플러그인 하이브리드 전기차는 하이브리드 전기차(HEV) 와 비교해서 전기를 에너지원으로 활용하는 비중이 높습니다. 플러그인 하이브리드 전기자동차(PHEV)는 보통 단거리를 갈 때 전기만을 에너지원으로 사용하며, 배터리 용량이 일정 수준 이하일 경우 하이브리드 전기자동차(HEV)와 같이 화석연료를 에너지원으로 사용합니다. 덕분에 더욱 친환경적이며 우수한 연비를 보장합니다.

▲ 하이브리드 전기차의 플러그인

더 많은 전기를 사용해야 하기 때문에, 당연히 플러그인 하이브리드 전기차(PHEV)에는 하이브리드 전기차(HEV)보다 향상된 대용량의 배터리가 탑재됩니다. 이 배터리는 주행 중 자체 발전기를 통해 충전되기도 하지만, 별도의 충전이 필요합니다.

▲ 쉐보레 볼트('10)

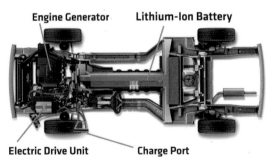
▲ 대용량 배터리

순수 전기차

순수 전기차(EV: Electric Vehicle)는 '진정한 의미의 전기차'로, 내연기관의 꽃인 엔진이 없는 자동차입니다.

전기만을 사용하여 모터를 작동시켜 움직이기 때문에, 친환경적이며 소음이 거의 없다는 게 장점입니다. 여기에서는 배터리 용량이 곧 주행거리를 의미하기 때문에 고용량 · 고효율의 배터리가 필요합니다. 현재 일반적인 경우, 1회 충전 시 약 100~300km의 거리를 운행할 수 있으며, 기술의 발전에 따라 주행거리가 점차 늘어가고 있는 추세입니다.

▲ 르노사의 순수 전기차

자율주행 자동차와 모터

구글과 같은 IT 업체들은 어떻게 자율주행 자동차 시장에 뛰어들 수 있었을까요? 기존 내연 기관 자동차의 주동력 발생 장치는 '엔진(engine)'으로 엔진은 기계공학 기술의 꽃이라 불릴 정도로 정교한 기술을 바탕으로 작동합니다.

세계 유수의 자동차 메이커들은 자체 엔진 기술을 보유하고 있으며, 기술을 보유하지 않은 기업들은 자동차 시장 진입이 어려운 구조입니다. 하지만 전기자동차는 엔진 대신 모터가 그 역할을 대신합니다.

▲ Tesla Model S

어린 시절 남자 아이들이 가지고 놀던 RC카에 들어가던 바로 그 모터 말입니다.

전기자동차와 자율주행 자동차가 도래하면서 IT기업들은 다양한 자동차 관련 기술 개발에 참여할 수 있게 되었습니다.

▲ Tesla Motor Controller

전기차의 확대

신규 자동차 메이커들이 성장 가능성 높은 자율주행 자동차 시장에 진입을 시도할 때, 기존 자동차 메이커들도 각자 방식으로 자율주행 자동차 시대를 준비하고 있습니다. 주목할 점은 신규 및 기존 자동차 메이커들 모두 전기 자동차 기반의 자율주행 자동차 개발을 고려한다는 점입니다. 앞서 언급한 것처럼 신규 자동차 메이커들은 엔진 기반이 아닌 모터 기반의 전기 자동차를 더 선호하며, 기존 자동차 메이커들 역시 배기가스 환경규제 기준 등의 이유로 전기 자동차를 확대하려는 중입니다.

03 아두이노 RC카 직접 만들기

여기서는 DIY RC카를 제작하려는 몇 가지 방법을 제시해 보도록 하겠습니다. DIY RC카는 다음과 같은 3가지 방법으로도 제작할 수 있습니다.

❶ 반 완제품으로 만들기
❷ 시제품으로 만들기
❸ 3D 프린터로 만들기

03-1 반 완제품으로 만들기

첫 번째 방법은 반 완제품을 이용하는 방법입니다. 다음은 코코랩스에서 판매하는 "아두이노 자율주행 RC카 키트"의 구성품입니다. 다음과 같이 반 완제품을 이용하면, 필요한 부품이 모두 준비되어 있기 때문에 바로 RC카를 제작한 후, 자율 주행 기능을 위한 스케치 작성에 집중할 수 있는 장점이 있습니다.

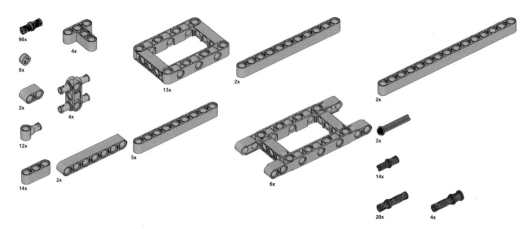

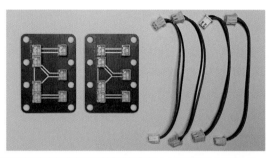

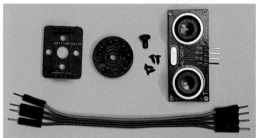

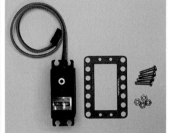

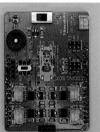

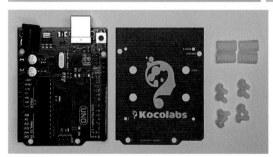

▶ 아두이노 자율주행 RC카 키트

[아두이노 자율주행 RC카 키트]에는 부록으로 제공하는 아두이노 자율주행 RC카 구성품을 모두 담고 있습니다.

▶ 키트 구매처

- 코코랩스 : http://kocolabs.co.kr
- 키트명 : 아두이노 자율주행 RC카 키트

다음은 "아두이노 자율주행 RC카 키트"를 이용하여 완성한 자율주행 RC카의 모습입니다.

▲ 그림 1, 그림 2 실습 동작 동영상

▲ 그림 1

다음은 메카넘 바퀴를 장착한 RC카의 모습입니다. 메카넘 바퀴는 움직임이 더 자유롭습니다.

▲ 그림 2

03-2 시제품으로 만들기

DIY RC카를 만드는 두 번째 방법은 시제품을 이용하는 것입니다. 만약 기존에 구입한 시제품 RC카 중 이용하지 않는 RC카가 있다면 분해한 후 직접 DIY 할 수 있습니다.

다음은 저렴한 가격으로 섬세하게 만들어진 RASTAR RC카입니다. 인터넷에서 3만원 전후로 구매할 수 있습니다.

▲ RASTAR RC카

다음은 RASTAR RC카를 분해한 후 컨트롤러를 떼어낸 모습입니다.

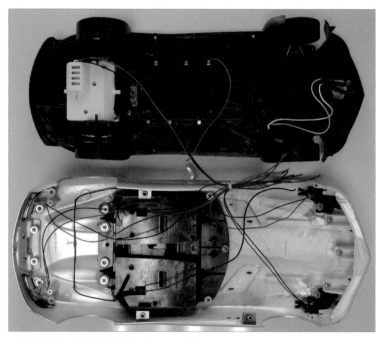

▲ 분해 후 컨트롤러를 떼어낸 RASTAR RC카

위 그림과 같이 RASTAR RC카를 분해하면 기본적으로 두 개의 DC 모터, 2개의 전조등, 2개의 후미등, 1개의 스위치, 건전지 박스로 구성됩니다. 자동차를 분해해, 컨트롤러 부분을 아두이노 우노 보드로 대체합니다. 이때, DC 모터를 제어하기 위해서는 모터 쉴드도 필요합니다. 아두이노 우노 보드를 내장한 후에는 블루투스 모듈을 연결하여 자율주행 기능을 구현할 수 있습니다.

▲ 완성된 자율주행 RASTAR RC카

03-3 3D 프린터로 만들기

DIY RC카를 만드는 세 번째 방법은 3D 프린터를 이용하는 것입니다.

다음은 3D 프린터를 이용하여 몸체를 만든 후 모터와 아두이노 호환 보드 등을 장착하여 RC카를 완성한 사진입니다.

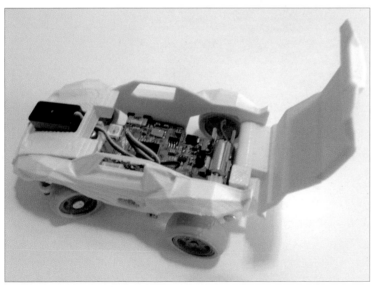

▲ 3D 프린터를 이용하여 만든 RC카

다음과 같은 3D 프린터 도면을 이용하여 출력할 수 있습니다.

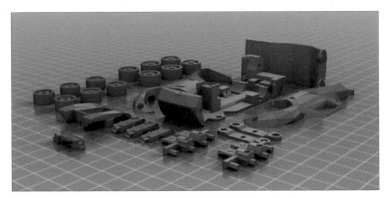

▲ RC카 모델링 파일

다음 makerbot thingiverse 사이트(http://www.thingiverse.com/)에서 다양한 RC카 모델링 파일을 찾을 수 있습니다. 사이트 우측 상단의 검색창에서 'RC CAR' 관련 키워드를 이용하면 손쉽게 찾을 수 있습니다.

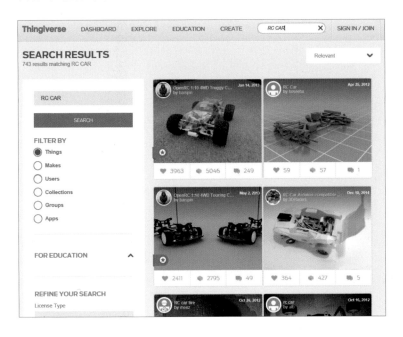

Arduino
RC car

이 장에서는 아두이노 자율주행 RC카를 이용하여 수행할 2 개의 프로젝트를 소개하고 각 프로젝트에서 RC카가 가질 기능을 결정합니다. 그리고 스케치를 작성하기 위해 아두이노 IDE를 설치합니다. 또 아두이노 RC카를 조립한 후, 부품 테스트를 수행하도록 합니다.

Chapter 02

아두이노 스마트 RC카 시작하기

01 아두이노 자율주행 RC카 프로젝트 소개

여기서는 2가지 형태의 아두이노 RC카 프로젝트를 소개하고 각 프로젝트에서 아두이노 RC카가 가질 기능을 결정합니다.

아두이노 RC카를 이용하여 우리는 다음과 같은 2가지 형태의 프로젝트를 수행합니다.

■ 프로젝트 1 : 무선 조종 RC카

무선 조종 RC카 프로젝트에서는 다음 기능을 구현합니다.

❶ 사용자 입력에 따라 전진, 후진, 좌회전, 우회전, 정지하기
❷ 주행속도 조절하기
❸ 사용자 입력을 블루투스 통신으로 받기
❹ 안드로이드 어플로 사용자 입력 받기

▲ 블루투스 RC Controller 앱

▲ 프로젝트1/프로젝트2 실습 동작 동영상

■ 프로젝트 2 : 자율주행 RC카

자율주행 RC카 프로젝트에서는 다음 기능을 구현합니다.

❶ 전조등, 후미등 점등, 소등하기
❷ 방향 전환 시 후미등 자동 점멸하기
❸ 어둠 감지하기
❹ 주간, 야간에 따라 전조등, 후미등 자동 점등, 소등하기
❺ 경적 울리기
❻ 초음파 센서로 물체 감지하기
❼ 서보 모터로 초음파 센서 회전 시키기
❽ 물체 감지 시 자동 정지하기
❾ 물체 감지 시 자동 우회하기

여기서 결정한 기능 외에도 독자 여러분이 직접 기능을 추가할 수도 있습니다.

02 아두이노 IDE 설치하기

이제 자율주행 RC카 소프트웨어를 구현하고, 컴파일하고, 업로드하기 위한 개발 환경을 위한 아두이노 스케치 IDE(Integrated development environment, 통합개발환경)를 설치합니다.

※ 통합개발환경(IDE)=스케치 작업 + 컴파일 + 업로드

다음과 같은 아두이노 소프트웨어를 설치해 봅니다.

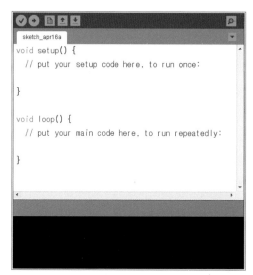

우리는 이 프로그램을 이용하여

❶ 아두이노 스케치를 작성하고,
❷ 작성한 스케치를 컴파일하고,
❸ 컴파일한 스케치를 아두이노 보드상에 업로드하고,
❹ 시리얼 모니터를 통해 결과를 확인하게 됩니다.

01 아두이노 사이트(www.arduino.cc)에 접속합니다.

02 아두이노 사이트 메인화면 상단의 [Software] 메뉴를 클릭합니다.

03 아두이노 소프트웨어 페이지가 열립니다. 페이지를 아래로 조금 이동하여 "Download the Arduino IDE" 영역을 찾습니다. 아두이노 IDE는 Windows, Mac, Linux 등 다양한 운영체제 환경에서 사용이 가능합니다. 프로젝트를 시작하기 전에 앞서, 자신이 사용하는 시스템에서 사용하는 운영체제에 맞는 IDE를 설치해야 합니다.

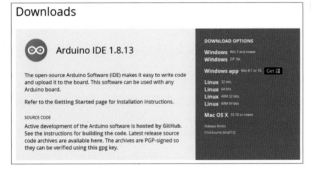

※ 2020년 11월 기준 ARDUINO 1.8.13이 사용됩니다.

04 [Windows Win 7 and newer]를 마우스 클릭합니다.

05 다음 페이지로 연결됩니다. 하단에 있는 [JUST DOWNLOAD] 부분을 누릅니다.

Support the Arduino IDE
Since its first release in March 2015, the Arduino IDE has been downloaded **47,041,140** times — impressive! Help its development with a donation.

| $3 | $5 | $10 | $25 | $50 | Other |

JUST DOWNLOAD   CONTRIBUTE & DOWNLOAD

※ 맥 OS 사용자의 경우엔 다음을 선택합니다.

Mac OS X 10.10 or newer

※ 리눅스 OS 사용자의 경우엔 다음 중 하나를 선택합니다.

Linux 32 bits
Linux 64 bits
Linux ARM 32 bits
Linux ARM 64 bits

[Linux ARM 32 bits]나[Linux ARM 64 bits]의 경우엔 라즈베리파이와 같이 ARM 기반 SOC에서 동작하는 리눅스에서 사용합니다.

06 다운로드가 완료되면 마우스 클릭하여 설치 프로그램을 실행시킵니다.

07 다음과 같이 [Arduino Setup: License Agreement] 창이 뜹니다. 사용 조건 동의에 대한 내용입니다. [I Agree] 버튼을 눌러 동의합니다.

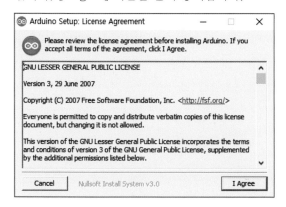

08 다음과 같이 [Arduino Setup: Installation Options] 창이 뜹니다. 설치 선택에 대한 내용입니다. 기본 상태로 둔 채 [Next] 버튼을 누릅니다.

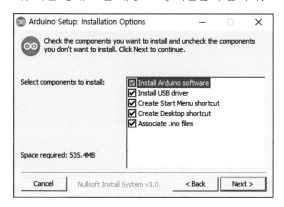

09 다음과 같이 [Arduino Setup: Installation Folder] 창이 뜹니다. 설치 폴더 선택 창입니다. 기본 상태로 둔 채 [Install] 버튼을 누릅니다.

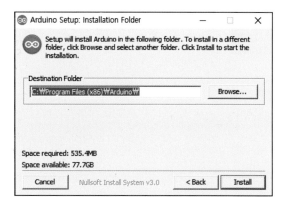

10 그러면 다음과 같이 설치가 진행됩니다.

11 설치 마지막 단계에 다음과 같은 창이 하나 이상 뜹니다. 아두이노 보드에 접근하기 위해 필요한 드라이버 설치 창입니다. [설치(I)] 버튼을 눌러줍니다.

12 다음과 같이 [Arduino Setup: Completed] 창이 뜹니다. 설치 완료 창입니다. [Close] 버튼을 눌러 설치를 마칩니다.

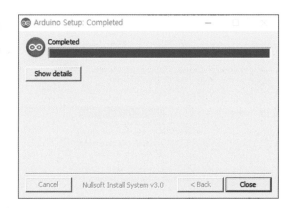

13 바탕 화면에 다음 아이콘이 설치됩니다. 아이콘을 눌러 아두이노 소프트웨어를 실행시킵니다.

14 처음엔 다음과 같은 보안 경고 창이 뜹니다. 아두이노 소프트웨어를 사용하기 위해 필요한 부분이기 때문에 [액세스 허용(A)] 버튼을 누릅니다.

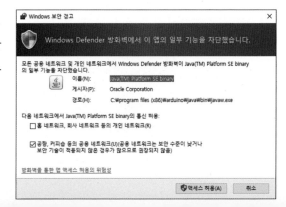

15 그러면 다음과 같이 아두이노 소프트웨어 프로그램이 실행되는 것을 볼 수 있습니다.

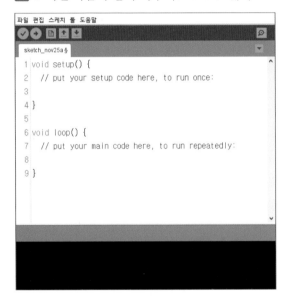

02-1 CH340G 드라이버 설치

다음은 아두이노 우노 호환 보드로 USB 연결을 위해 CH340G 드라이버를 설치해야 합니다.

다음 사이트에서 드라이버를 다운로드 받아 설치해 주도록 합니다.

http://www.arduined.eu/ch340g-converter-windows-7-driver-download/

다음 사이트로 연결됩니다. 화살표 표시 부분을 마우스 클릭해 드라이버 파일을 다운로드 받습니다.

다운로드 받은 후, 다음 프로그램을 실행시켜 설치를 진행합니다.

이름	수정한 날짜	유형
DRVSETUP64	2017-02-12 오후...	파일 폴더
CH341PT.DLL	2005-07-30 오전...	응용 프로그램 확장
CH341S64.SYS	2011-11-05 오전...	시스템 파일
CH341S98.SYS	2007-06-12 오전...	시스템 파일
ch341SER	2011-11-25 오전...	보안 카탈로그
CH341SER	2011-11-04 오전...	설치 정보
CH341SER.SYS	2011-11-05 오전...	시스템 파일
CH341SER.VXD	2008-12-18 오전...	가상 장치 드라이버
SETUP	2012-02-15 오전...	응용 프로그램

로컬 디스크 (C:) ▶ 사용자 ▶ edu ▶ 다운로드 ▶ CH341SER ▶ CH341SER ▶

공유 대상 ▼   굽기   새 폴더

03 아두이노 자율주행 RC카 조립하기

03-1 부품 살펴보기

이 책에서 사용될 아두이노 자율주행 RC카 부품 구성은 다음과 같습니다.

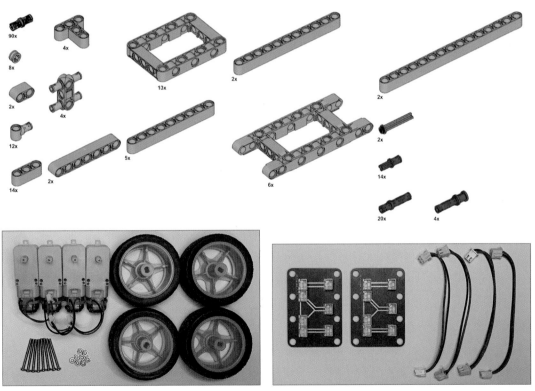

※ 볼트 규격은 M3 x 30mm입니다.

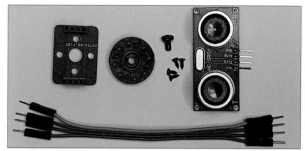
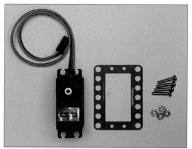

※ 볼트 규격은 M1.7 x 5mm입니다.

※ 볼트 규격은 M3 x 14mm입니다.

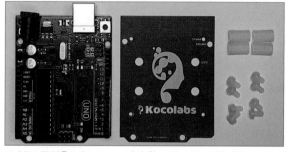

※ 볼트 규격은 M3 x 5mm, 지지대는 M3 x 10mm입니다.
※ 키트 구매시 아두이노 보드는 선택 부품입니다.

※ 배터리는 18650, 3A입니다.
※ 키트 구매 시 18650 배터리는 선택 부품입니다.

※ HC06 블루투스 모듈
※ 키트 구매시 HC06 블루투스 모듈은 선택 부품입니다.

03-2 RC카 조립하기

여기서는 차량 몸체 조립, DC 모터 장착, 아두이노부 조립, 서보 모터부 조립, 초음 파 센서부 조립, 차량 지지대 조립의 순서로 RC카를 조립합니다.

▲ 43~73쪽 자율주행 RC카 조립 동영상

차량 몸체 조립하기

차량 몸체 조립부터 시작합니다. 다음과 같은 순서로 차량 몸체를 조립합니다. 오른쪽 상단의 그림 은 조립 결과물입니다. 2x는 같은 형태의 조립 결과물을 2개 만든다는 의미입니다. 여기서의 결과물 은 자동차의 몸체 역할과 모터 고정부 역할을 합니다.

1

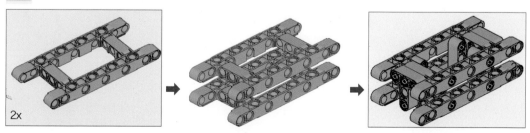

2

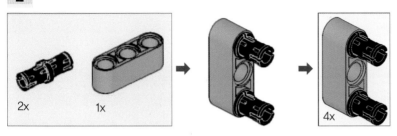

3

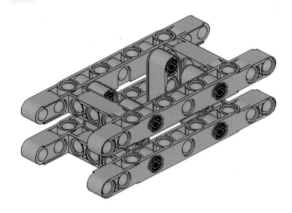

4

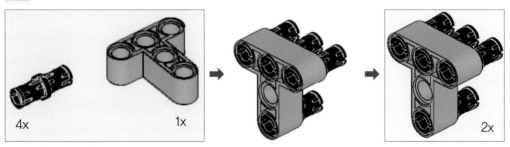

5

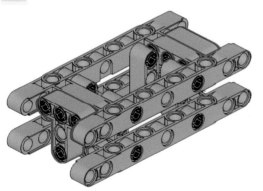

5 단계의 결과물을 2개 만듭니다.

계속해서 앞에서 만든 2개의 몸체부 부품을 하나로 연결합니다.

6

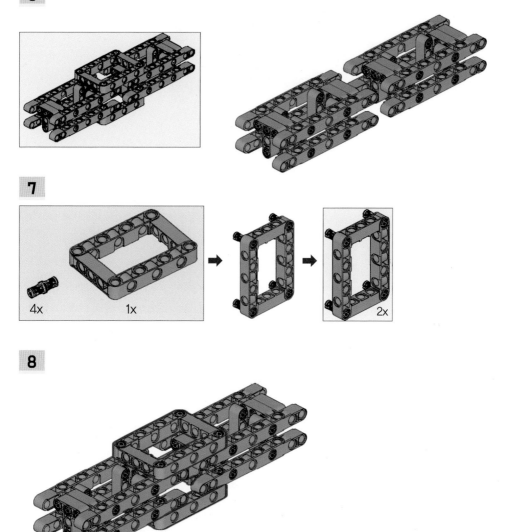

7

8

몸체부를 좀 더 단단하게 하기 위해 양쪽 측면에서 고정해줍니다.

9

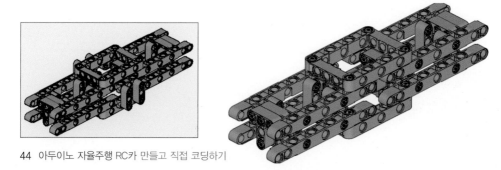

10

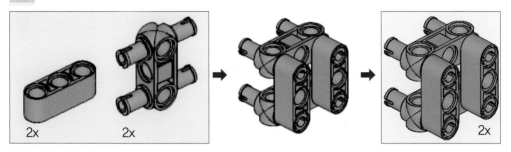

11

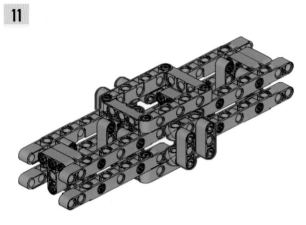

여기서는 차량의 앞 상판을 조립하여 차량 몸체에 장착합니다.

12

13

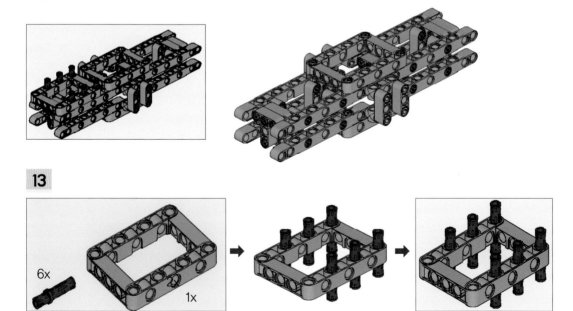

14

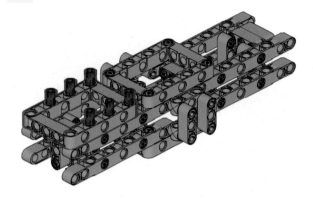

여기서는 차량의 뒤 상판을 조립하여 차량 몸체에 장착합니다.

15

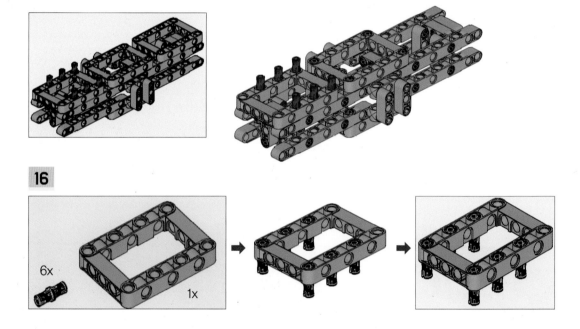

16

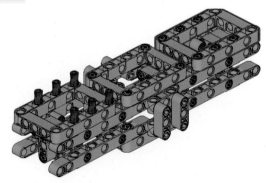

17

여기서는 차량의 앞 부분 좌우판을 조립하여 차량 몸체에 장착합니다.

18

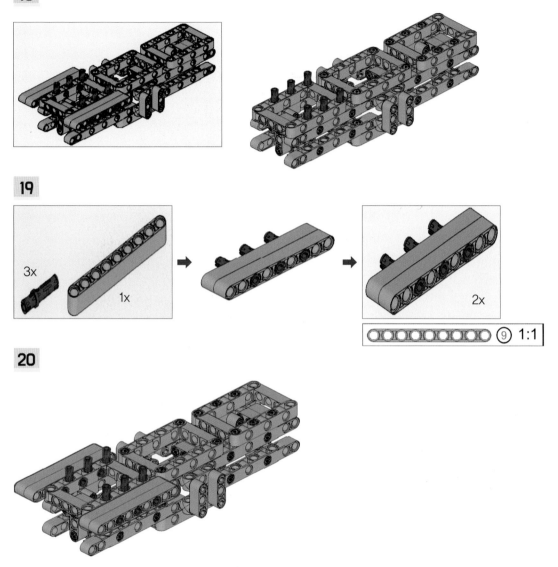

19

3x

1x

2x

⑨ 1:1

20

여기서는 차량의 중간과 뒷 부분 좌우판을 조립하여 차량 몸체에 장착합니다.

21

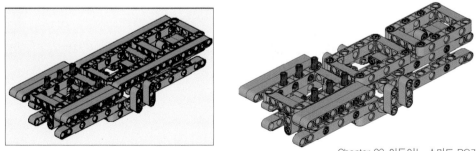

22

23

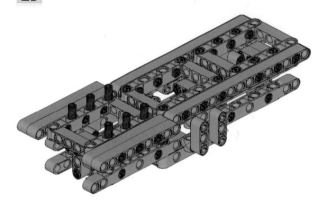

다음은 배터리 홀더 전후 고정 핀을 장착해 줍니다.

24

25

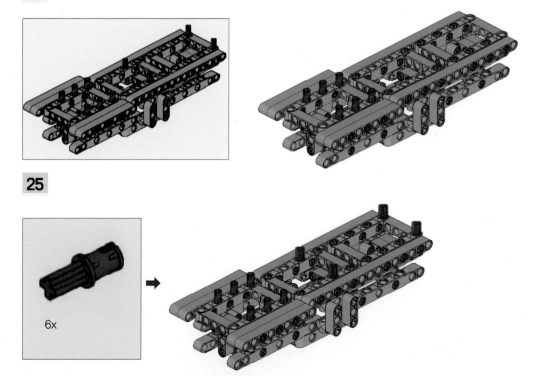

다음과 같이 배터리 홀더의 전후를 고정해 주는 역할을 합니다.

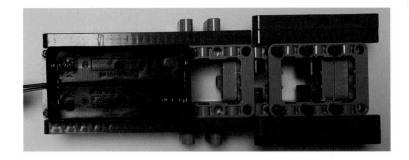

여기서는 차량의 뒷 부분 좌우창을 조립하여 차량 몸체에 장착합니다.

26

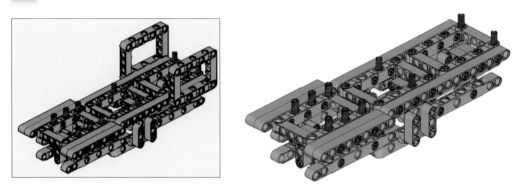

27

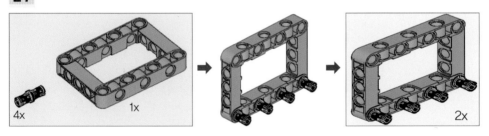

28

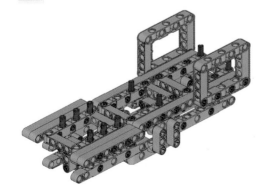

다음은 배터리 홀더 좌우 고정 부품을 조립해 장착해 줍니다.

29

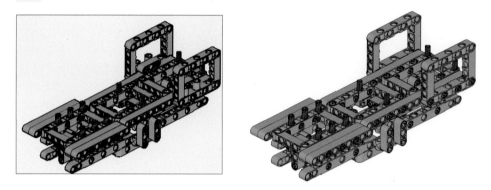

30

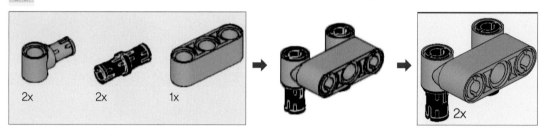

31

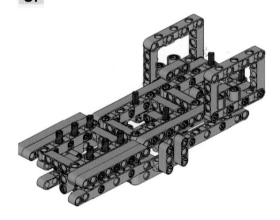

다음과 같이 배터리 홀더를 좌우에서 고정해 주는 역할을 합니다.

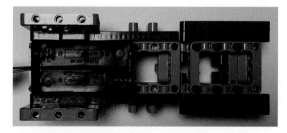

여기서는 차량의 중간 좌우창을 조립하여 차량 몸체에 장착합니다.

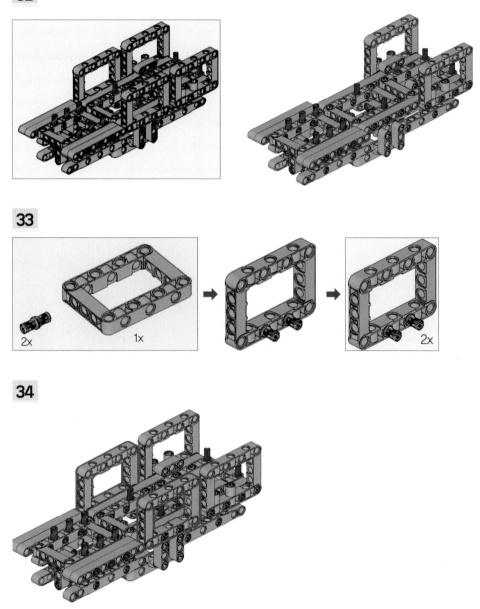

여기서는 차량의 앞 부분을 조립하여 차량 몸체에 장착합니다.

35

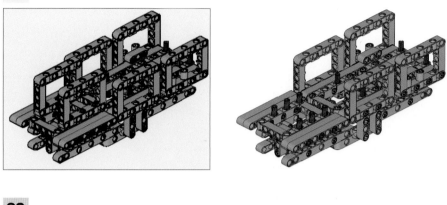

36

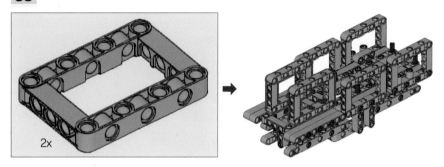

여기서는 차량의 윗 부분을 조립하여 차량 몸체에 장착합니다.

37

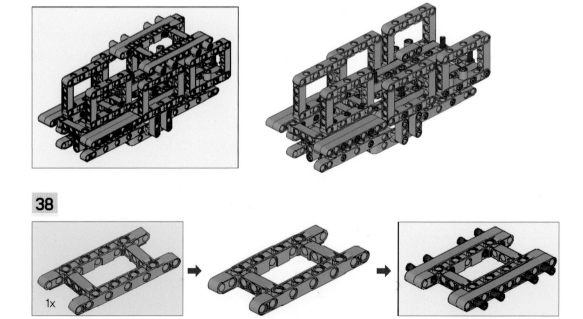

38

39

40

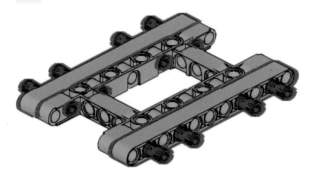

41

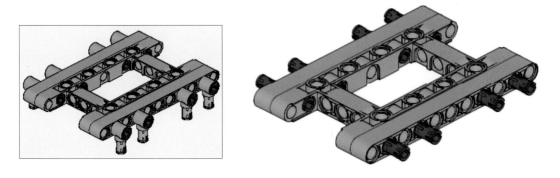

42

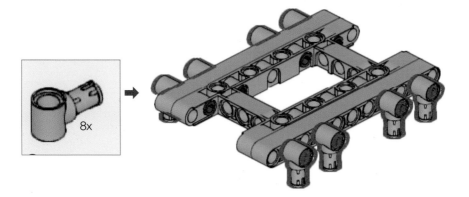

43

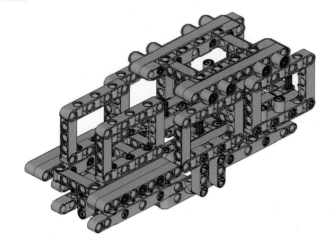

여기서는 아두이노 고정부품을 차량의 윗면에 장착합니다.

44

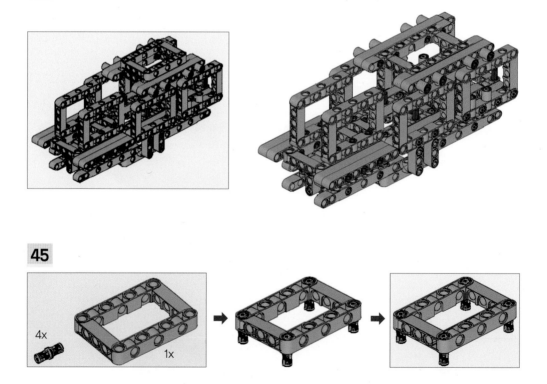

45

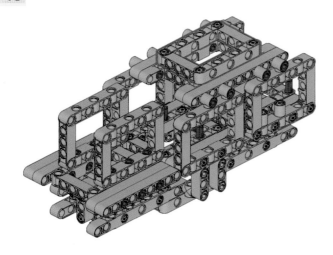

다음은 지금까지 조립한 차량 몸체부의 결과물입니다.

DC 모터 장착하기

다음은 DC 모터를 차량 몸체에 장착합니다.

다음과 같이 DC 모터 4개, M3 x 30mm 8개, M3 볼트 8개를 준비합니다.

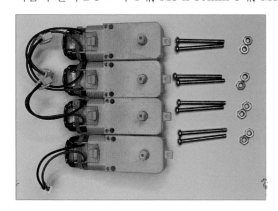

다음과 같이 4개의 모터를 볼트, 너트를 이용하여 차량 몸체에 장착합니다.

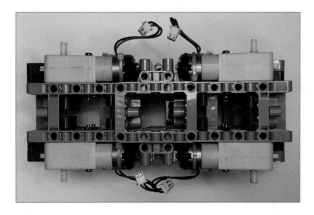

다음은 볼트, 너트를 체결한 후의 모습입니다.

다음은 모터선 연결 보드를 차량 몸체의 중간 양면에 장착합니다.

47

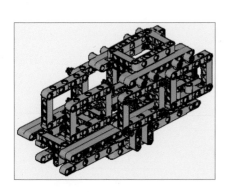

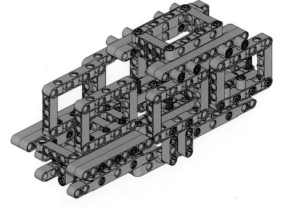

다음과 같이 모터선 연결 보드와 레고 부품을 2 세트 준비합니다.

먼저 다음과 같이 십자형 팩을 장착합니다.

48

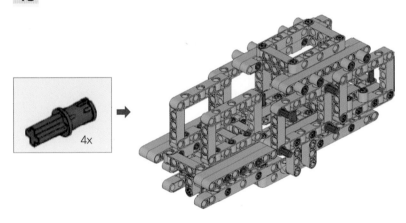

다음은 십자형 팩을 장착한 결과입니다.

다음과 같이 모터선 연결보드를 장착합니다.

다음과 같이 십자형 고리를 이용하여 모터선 연결보드를 십자형 팩에 고정합니다.

49

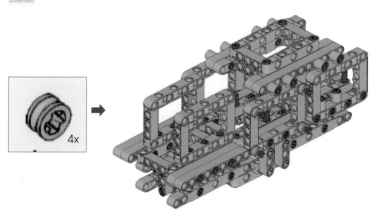

다음은 십자형 고리를 장착한 결과입니다.

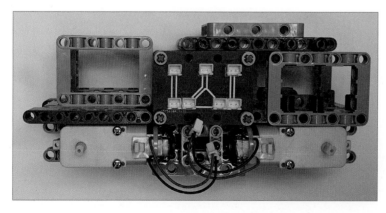

반대편도 같은 방식으로 모터선 연결 보드를 차량 몸체에 장착합니다.

50

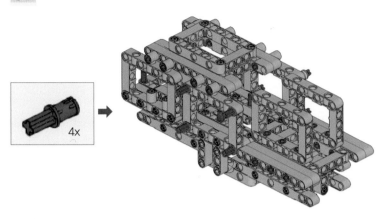

51

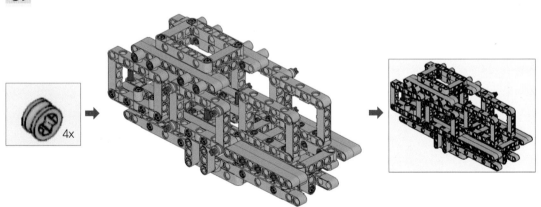

다음과 같이 모터선을 모터선 연결 보드에 장착합니다.

반대편에도 모터선을 모터선 연결 보드에 장착합니다.

아두이노부 조립하기

다음은 아두이노부를 조립합니다.

52

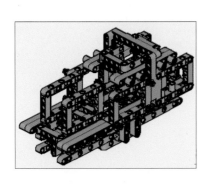
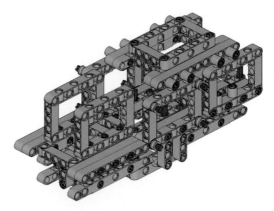

십자형 팩을 차량 몸체에 다음과 같이 장착합니다. 십자형 팩은 아두이노부가 전후좌우로 움직이지

않도록 합니다.

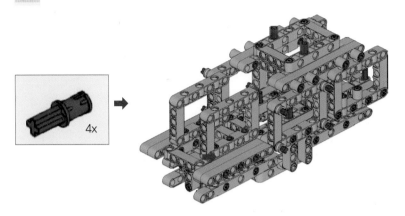

다음과 같이 아두이노 고정 보드, M3 x 5mm 플라스틱 볼트, M3 x 10mm 플라스틱 지지대를 준비합니다.

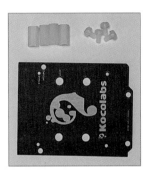

다음과 같이 아두이노 고정 보드에 플라스틱 지지대를 플라스틱 볼트를 이용하여 장착합니다.

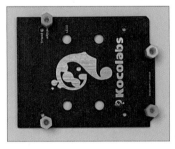

다음과 같이 아두이노 고정 보드를 차량 몸체의 상단에 장착합니다.

다음은 아두이노부가 위로 움직이지 않도록 고정하는 부품입니다.

54

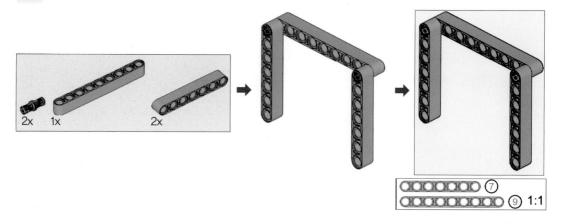

다음과 같이 아두이노 고정 보드의 위에 장착합니다.

55

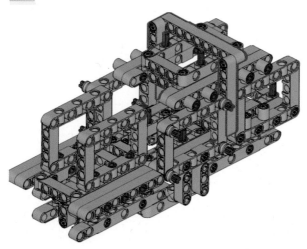

다음은 결과 그림입니다.

다음은 아두이노 상하 고정 부품을 움직이지 않도록 하는 부품입니다. 2개를 준비합니다.

56

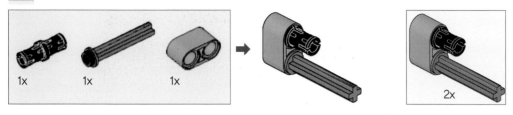

다음과 같이 양쪽에 끼워줍니다.

57

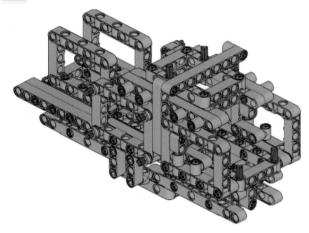

다음은 양쪽 측면에서 본 결과 그림입니다.

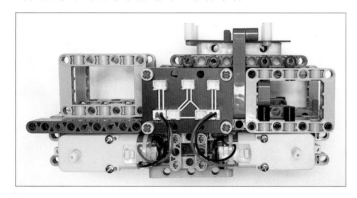

다음과 같이 아두이노와 M3 x 5mm 플라스틱 볼트 4개를 준비합니다.

다음과 같이 아두이노 고정 보드에 볼트를 이용하여 장착합니다.

다음은 아두이노 RC카 쉴드를 준비합니다.

다음과 같이 아두이노에 장착합니다.

다음과 같이 핀이 맞도록 장착합니다.

바퀴 장착하기

다음과 같이 RC카 바퀴 4개를 준비합니다.

다음과 같이 모터에 장착합니다.

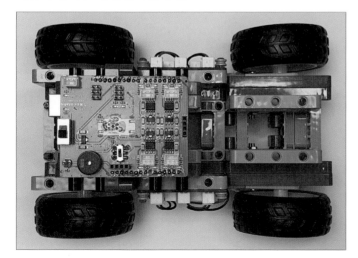

다음과 같이 모터 연결선 4개를 준비합니다.

다음과 같이 아두이노 RC카 쉴드에 모터 연결선을 장착합니다.

다음과 같이 모터선 연결 보드에도 모터 연결선을 장착합니다.

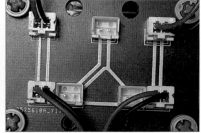

서보 모터 지지대 조립하기

다음은 서보 모터 지지대를 조립한 후, 차량 몸체에 장착해 봅니다.

다음과 같이 서보 모터, 서보 모터 고정 보드, M3 x 14mm 볼트 4개, M3 너트 4개를 준비합니다.

다음과 같이 볼트와 너트를 이용하여 서보 모터를 서보 모터 고정 보드에 장착합니다.

초음파 센서 지지대 조립하기

다음과 같이 서보 혼(horn), 초음파 센서 고정 보드, M1.7 x 5mm
볼트 4개를 준비합니다.

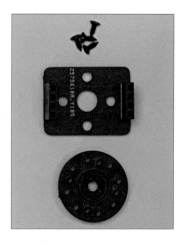

다음과 같이 볼트를 이용하여 서보 혼에 초음파 센서 고정 보드를 장착합니다.

서보 혼을 서보 모터에 끼워 넣은 후, 좌우로 끝까지 돌려본 후, 다음과 같은 형태로 움직일 수 있도
록 장착합니다. 아래 두 그림은 양쪽 끝까지 돌렸을 때 서보의 회전이 멈춘 상태의 그림입니다.

 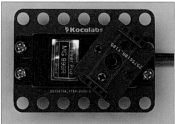

서보 모터와 같이 제공되는 볼트를 이용하여 초음파 센서 지지대를 서보 모터에 장착합니다.

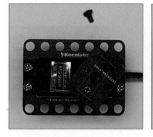 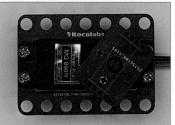

다음과 같이 초음파 센서 지지대를 서보 모터의 중간 부분에 맞도록 돌려줍니다.

다음과 같이 서보 모터 지지대를 차량 몸체 앞 부분에 맞추어줍니다.

다음 레고 핀을 이용하여 서보 모터 지지대를 차량 몸체에 고정합니다.

58

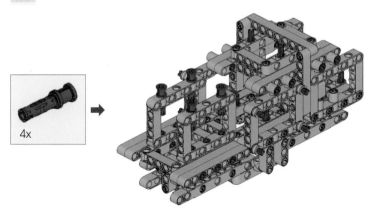

다음은 결과 그림입니다.

서보 모터 연결선을 아두이노 RC카 쉴드에 연결해 줍니다. 서보 모터의 노란선을 9번 핀에 연결하도록 합니다.

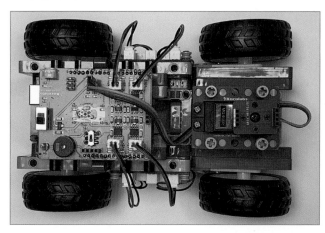

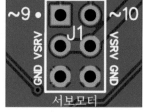

10번 핀은 DC 모터와 공통으로 연결되어 있습니다. 10번 핀에 연결된 DC 모터와 서보 모터는 동시에 사용할 수 없습니다.

다음과 같이 초음파 센서를 준비합니다.

다음과 같이 초음파 센서를 초음파 센서 고정 보드에 장착합니다.

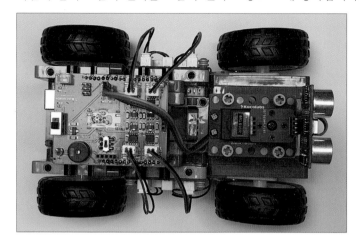

다음과 같이 초음파 센서 연결선을 준비합니다.

다음과 같이 초음파 센서 연결선을 초음파 센서 고정 보드와 아두이노 RC카 쉴드에 연결합니다.

다음은 HC-06 블루투스 모듈을 준비합니다.

다음과 같이 블루투스 모듈을 장착합니다. 블루투스 모듈 장착시 핀 번호를 확인하고 장착합니다.

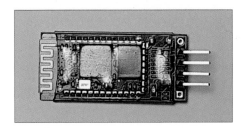

아두이노 코딩박스의 핀 이름은 블루투스 모듈의 핀 이름에 맞추어져 있습니다.

다음은 블루투스 모듈을 장착한 그림입니다.

다음은 앞에서 본 그림입니다.

차량 지지대 조립하기

다음은 차량 지지대를 조립하여 차량에 장착합니다.

59

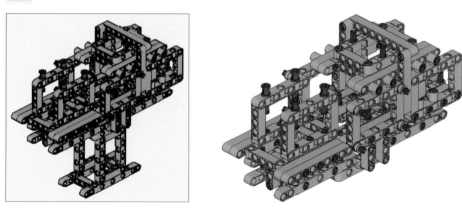

60

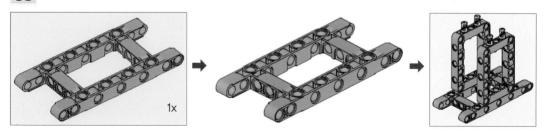

1x

61

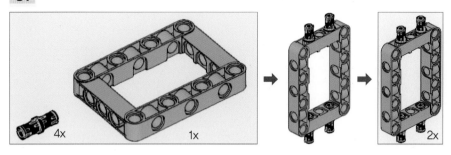

62

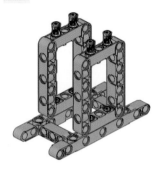

63

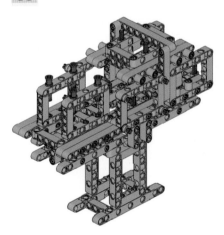

64

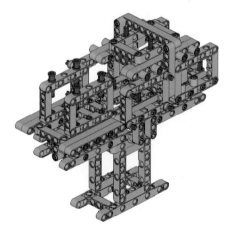

다음은 차량 지지대를 장착한 그림입니다. 차량 지지대가 있으면 DC 모터 실습하기가 편합니다.

다음은 앞에서 본 그림입니다.

배터리 장착하기

다음은 배터리를 장착해 봅니다. 다음과 같이 18650 배터리 2개, 18650 배터리 홀더를 준비합니다.

다음과 같이 배터리를 배터리 홀더에 장착합니다. 양극, 음극을 잘 맞추어 장착합니다.

다음과 같이 아두이노 RC 카의 뒷 부분에 끼워 넣어 고정해 줍니다.

다음과 같이 배터리 연결선을 아두이노 RC카 쉴드에 장착합니다.

다음은 완성된 아두이노 RC카의 모습과 차량 지지대를 뺀 상태의 모습입니다

▲ 완성된 아두이노 RC카의 모습   ▲ 지지대를 뺀 상태의 모습

다음은 메카넘 휠을 장착한 아두이노 RC카의 모습입니다.

다음은 아두이노 쉴드입니다. 아두이노는 이 쉴드를 통해서 아두이노 RC 카의 DC 모터 제어, 서보 모터 제어, LED 제어, 부저 제어, 초음파 센서 연결, 빛 센서 입력, 블루투스 모듈 연결을 하게 됩니다. 아두이노 쉴드에는 각 부품이 연결된 아두이노 핀을 표시하고 있습니다. 예를 들어 부저 핀은 아두이노 17번 핀에 연결되어 있고, 빛 센서는 A0 핀에 연결되어 있습니다.

04 아두이노 쉴드 핀 살펴보기

DC 모터, 서보 모터 전원 스위치

A0 : 빛 센서

17(=A3) : 부저

12,15 :후미등

18(=A4) : 버튼
TX, RX : 블루투스
블루투스 활성화 스위치
USB : 스케치 업로드
BLU : 블루투스 사용

~11,16 :전조등

19,~10 : 우측후방 DC 모터

4,~5 : 우측전방 DC 모터

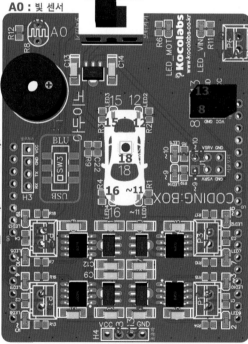

외부 전원 단자

8, 13 : 적외선 센서
초음파 센서와 핀 공유
동시 사용 불가

~9,~10 : 서보모터
10번 핀은 우측 후방 DC 모터와 공유
동시 사용 불가

7,~6 : 좌측후방 DC 모터

2,~3 : 좌측전방 DC 모터

8, 13 : 초음파 거리 센서
8 : Trig, 13 : Echo

05 RC카 모듈 테스트하기

여기서는 미리 작성된 RC카 모듈 테스트 스케치를 이용하여 RC카 부품이 제대로 동작하는지 테스트해 보기로 합니다.

05-1 테스트 소스 가져오기

RC카 모듈 테스트 스케치는 앤써북 홈페이지에서 다운로드 받을 수 있습니다. 다운로드 사이트는 책의 앞 부분을 참고합니다. 다음은 테스트 스케치를 담고 있는 _00_rc_car_test 디렉터리입니다.

> 📁 _00_rc_car_test

이 디렉터리에는 다음과 같이 9개의 테스트 스케치 프로그램이 있습니다.

- 📄 _01_led_test
- 📄 _02_button_test
- 📄 _03_buzzer_test
- 📄 _04_cds_test
- 📄 _05_dc_test
- 📄 _06_dc_test_pwm
- 📄 _07_servo_test
- 📄 _08_bt_test
- 📄 _09_hc_sr04_test

05-2 테스트 소스 업로드하기

다음은 테스트 소스를 업로드 하여 모듈 테스트를 수행합니다.

LED 테스트

01 _01_led_test 디렉터리로 이동하여 다음 프로그램을 마우스 클릭하여 실행시킵니다.

> 🔗 _01_led_test.ino

02 다음과 같이 Test 스케치가 열리는 것을 확인합니다.

```
_01_led_test
const int leds[] = {15,12,11,16};

void setup() {
  for(int i=0;i<sizeof(leds)/sizeof(leds[0]);i++)
    pinMode(leds[i], OUTPUT);
}

void loop() {
  for(int i=0;i<sizeof(leds)/sizeof(leds[0]);i++) {
    digitalWrite(leds[i], HIGH);
    delay(500);
  }
  for(int i=0;i<sizeof(leds)/sizeof(leds[0]);i++) {
    digitalWrite(leds[i], LOW);
    delay(500);
  }
}
```

※ 여기서는 소스에 대한 자세한 설명은 하지 않습니다.

03 다음과 같이 [툴]-[보드]-[Arduino Uno]를 선택합니다.

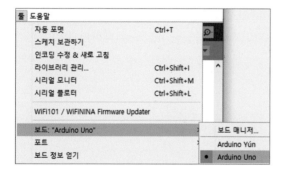

04 다음과 같이 [툴]-[포트]-[COM4 (Arduino Uno)] 포트를 선택합니다. 독자 여러분의 경우 이 부분이 달라질 수 있습니다. 예를 들어, COM6 등으로 표시될 수 있습니다.

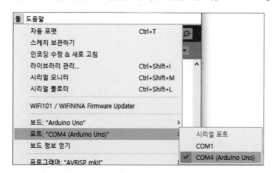

05 [확인] 버튼을 눌러 컴파일을 수행합니다. 정상적으로 컴파일이 수행됩니다.

06 슬라이드 스위치를 USB 모드로 변경합니다. USB 모드로 변경해야 스케치 업로드를 수행할 수 있습니다. BLU 모드는 블루투스 모듈을 사용할 경우에 사용합니다.

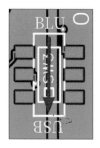

07 [업로드] 버튼을 눌러 업로드를 수행합니다.

08 보드 위에 있는 자동차 그림의 전조등, 후미등을 나타내는 LED가 점등되는 것을 확인합니다.

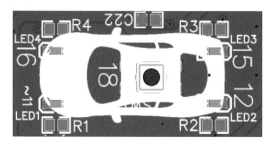

05-3 전체 소스 테스트하기

같은 방식으로 나머지 스케치도 테스트를 수행해 봅니다.

_01_led_test
_02_button_test
_03_buzzer_test
_04_cds_test
_05_dc_test
_06_dc_test_pwm
_07_servo_test
_08_bt_test
_09_hc_sr04_test

버튼 테스트

01 버튼 테스트는 자동차 그림 가운데 있는 버튼을 눌러 보면서 수행합니다.

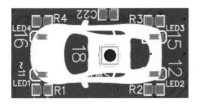

02 버튼 테스트는 시리얼 모니터를 이용하여 결과를 확인합니다. 아두이노 IDE 우측 상단에 있는 돋보기 모양의 아이콘을 누르면 시리얼 모니터를 띄울 수 있습니다.

03 시리얼 통신 속도는 115200으로 맞추어 줍니다.

부저 테스트

01 부저를 테스트 합니다. 다음 부분에서 고음의 소리가 2초간 납니다.

Cds 빛센서 테스트

01 Cds는 빛의 세기를 감지하는 센서입니다. 빛의 세기가 크면 숫자가 크게 표시됩니다. Cds 센서의 경우도 시리얼 모니터를 이용하여 결과를 확인합니다.

02 다음 부분에 있는 빛 센서를 빛을 가려가면서 테스트를 수행해 봅니다.

DC 모터 테스트

01 DC 모터의 전진 후진 테스트를 수행합니다. DC 모터의 경우 배터리 전원을 사용합니다. 배터리 연결 후, 다음 스위치를 [모터켜기] 방향으로 이동시켜 줍니다.

DC 모터 PWM 테스트

01 DC 모터의 속도를 테스트해 봅니다. DC 모터의 경우 배터리 전원을 사용합니다. 배터리 연결 후, 다음 스위치를 [모터켜기] 방향으로 이동시켜 줍니다.

서보 모터 테스트

01 서보를 동작합니다. 서보 모터의 경우 배터리 전원을 사용합니다. 배터리 연결 후, 다음 스위치를 [모터켜기] 방향으로 이동시켜 줍니다.

블루투스 테스트

블루투스 테스트는 뒤에서 수행합니다.

초음파 센서 테스트

01 초음파 센서를 이용하여 거리를 감지합니다. 측정 거리가 cM 단위로 표시됩니다. 초음파 센서의 경우도 시리얼 모니터를 이용하여 결과를 확인합니다.

시리얼 모니터 🔍 [115200 보드레이트 ∨] [출력 지우기]

Arduino
RC car

이번 장에서는 무선 조종 RC카 프로젝트를 수행해 봅니다. 먼저 주행 조향 기능을 추가해보고, 다음으로 사용자 입력 제어 기능을 추가해 보고, 마지막으로 원격 제어 기능을 추가해봅니다.

Chapter 03

무선 조종 RC카 프로젝트

01 주행 조향 기능 추가하기

01-1 DC 모터 살펴보기

우리가 다루는 아두이노 스마트 RC 카는 오른쪽과 같은 DC 모터 기어박스를 사용합니다.

▲ DC 모터 기어박스

DC 모터 기어박스에는 오른쪽과 같은 일반 DC 모터가 들어가 있습니다.

▲ 일반 DC 모터

일반 DC 모터는 모터를 구동시키기 위해 오른쪽과 같은 형태의 브러시가 사용됩니다.

▲ 브러시

이 브러시는 다음과 같은 형태의 직류기(commutator)를 통해 코일과 연결됩니다.

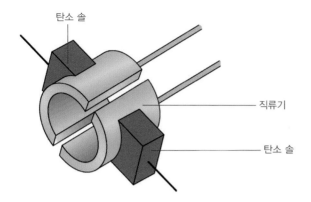

탄소 솔

직류기

탄소 솔

즉, 오른쪽 그림과 같이 전지로부터의 전류가 탄소 솔과 직류기를 통해 코일로 전류가 흐르면서 회전을 하게 됩니다.

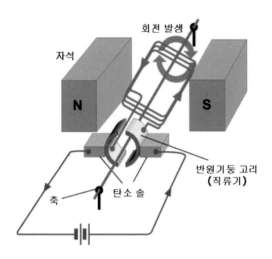

회전 발생

자석

N   S

반원기둥 고리
(직류기)

축   탄소 솔

01-2 DC 모터 드라이버 살펴보기

DC 모터는 두 개의 핀으로 구성되며, 극성은 없습니다. 연결 방식에 따라 모터의 회전 방향만 바뀌게 됩니다.

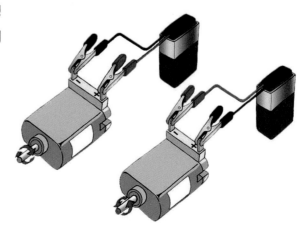

DC 모터는 일반적으로 정격 전압에 따라 출력이 달라집니다. 아래 그림에서는 각각 9V와 12V 정격 전압을 사용하는 DC 모터를 나타내고 있습니다.

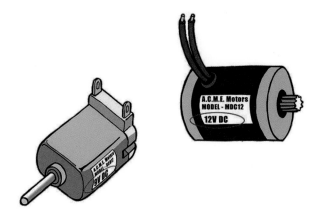

5V의 낮은 전압을 사용하는 아두이노로 9V나 12V의 높은 전압을 사용하는 모터를 제어하기 위해서는 추가적인 모터 드라이버가 필요합니다. 모터 드라이버의 주된 역할은 제어를 위한 아두이노의 5V 전원과 모터의 동력을 만드는 데 필요한 9V나 12V의 전원을 분리하는 것입니다. 아두이노를 모터 전원으로부터 분리해 보호하는 역할을 합니다.

본 과정에서 진행하는 프로젝트에서는 코코랩스에서 제작한 아두이노 코딩박스 쉴드에 장착된 모터 드라이버를 사용합니다.

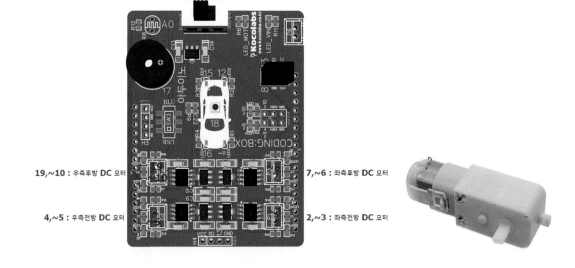

19,~10 : 우측후방 DC 모터 7,~6 : 좌측후방 DC 모터

4,~5 : 우측전방 DC 모터 2,~3 : 좌측전방 DC 모터

모터 드라이버는 총 4개의 모터를 개별적으로 제어할 수 있습니다. 좌측 전방과 후방의 모터는 아두이노의 2, ~3, 7, ~6 번핀으로 제어합니다. 우측 전방과 후방의 모터는 아두이노의 4, ~5, 19,

~10 번핀으로 제어합니다. 모터는 기본적으로 배터리를 통해 구동되어야 합니다. 따라서 모터를 구동시키기 위해서는 배터리를 장착한 후, 다음 스위치를 [모터켜기] 위치로 이동시켜야 합니다.

01-3 전진 후진 테스트 코딩하기

여기서는 아두이노 스케치를 이용하여 주행 테스트 코딩을 수행하도록 합니다. 주행 테스트는 왼쪽 바퀴와 오른쪽 바퀴에 대해 전진, 후진, 정지 테스트를 수행하도록 합니다.

왼쪽 앞 바퀴 전후진 테스트 코딩하기

먼저 왼쪽 앞 바퀴에 대한 전후진 테스트를 수행하도록 합니다.

01 [새 파일]을 하나 생성한 후, _01left_motor_test로 저장합니다.

02 다음과 같이 예제를 작성합니다.

```
_01left_motor_test
01    // 왼쪽 앞 바퀴 - 전후진
02
03    // 핀 선택
04    const int DIRFL =2;
05    const int PWMFL =3;
06
07    void setup() {
08          // 왼쪽 앞 바퀴 초기화
09          pinMode(DIRFL, OUTPUT);
10
11          digitalWrite(DIRFL, LOW);
12          analogWrite(PWMFL, 0);
13
14          for(int cnt =0;cnt <2;cnt ++) {
15
```

```
16                      // 왼쪽 전진
17                      digitalWrite(DIRFL, HIGH);
18                      analogWrite(PWMFL, 0);
19
20                      delay(2000);
21
22                      // 왼쪽 정지
23                      digitalWrite(DIRFL, LOW);
24                      analogWrite(PWMFL, 0);
25
26                      delay(2000);
27
28                      // 왼쪽 후진
29                      digitalWrite(DIRFL, LOW);
30                      analogWrite(PWMFL, 255);
31
32                      delay(2000);
33
34                      // 왼쪽 정지
35                      digitalWrite(DIRFL, LOW);
36                      analogWrite(PWMFL, 0);
37
38                      delay(2000);
39              }
40      }
41
42      void loop() {
43
44      }
```

04 : DIRFL 변수에 2번 핀을 할당합니다. DIRFL 변수는 왼쪽 앞 바퀴 전후진 방향 조절에 사용됩니다.

05 : PWMFL 변수에 3번 핀을 할당합니다. PWMFL 변수는 왼쪽 앞 바퀴 전후진 속도 조절에 사용됩니다.

09 : DIRFL를 출력으로 설정합니다.

11 : DIRFL를 LOW로 설정합니다. LOW로 설정할 경우, 왼쪽 앞 바퀴는 후진 상태가 됩니다.

12 : PWMFL를 0으로 설정합니다. 이렇게 하면 왼쪽 앞 바퀴의 속도 값이 0이 됩니다.

17 : DIRFL를 HIGH로 설정하여 왼쪽 앞 바퀴를 전진 상태로 만듭니다.

18 : PWMFL를 0으로 설정하여 왼쪽 앞 바퀴의 속도 값이 255가 되게 합니다. 이렇게 하면 DIRFL 핀에 HIGH 신호가 걸린 상태에서 PWMFL 핀에 0값이 나가므로 모터는 최대 속도가 됩니다.

20 : 2000 밀리초(=2초)간 지연을 줍니다.

23, 24 : DIRFL를 LOW로, PWMFL를 0으로 설정하여 왼쪽 앞 바퀴를 멈춥니다.

26 : 2000 밀리초(=2초)간 지연을 줍니다.

17 : DIRFL를 LOW로 설정하여 왼쪽 앞 바퀴를 후진 상태로 만듭니다.

18 : PWMFL를 255으로 설정하여 왼쪽 앞 바퀴의 속도 값이 255가 되게 합니다. 이렇게 하면 DIRFL 핀에 LOW 신호가 걸린 상태에서 PWMFL 핀에 255값이 나가므로 모터는 최대 속도가 됩니다.

32 : 2000 밀리초(=2초)간 지연을 줍니다.

35, 36 : DIRFL를 LOW로, PWMFL를 0으로 설정하여 왼쪽 앞 바퀴를 멈춥니다.

38 : 2000 밀리초(=2초)간 지연을 줍니다.

03 [툴] 메뉴를 이용하여 보드, 포트를 다음과 같이 선택합니다.

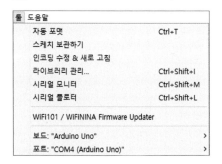

04 슬라이드 스위치를 USB 모드로 변경합니다.

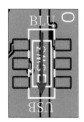

05 컴파일과 업로드를 수행합니다.

06 왼쪽 앞 바퀴가 2초 간격으로 전진, 정지, 후진, 정지를 반복하는 것을 확인합니다.

왼쪽 앞뒤 바퀴 전후진 테스트 코딩하기

다음은 왼쪽 앞뒤 바퀴에 대한 전후진 테스트를 수행하도록 합니다.

01 [새 파일]을 하나 생성한 후, _01left_motor_test_2로 저장합니다. 또는 _01left_motor_test 파
일을 _01left_motor_test_2로 저장한 후, 수정합니다.

02 다음과 같이 예제를 작성합니다.

```
01    // 왼쪽 앞뒤 바퀴 - 전후진
02
03    // 핀 선택
04    const int DIRFL =2;
05    const int PWMFL =3;
06    const int DIRBL =7;
```

```
07      const int PWMBL =6;
08
09      void setup() {
10              // 왼쪽 바퀴 초기화
11              pinMode(DIRFL, OUTPUT);
12              pinMode(DIRBL, OUTPUT);
13
14              digitalWrite(DIRFL, LOW);
15              analogWrite(PWMFL, 0);
16              digitalWrite(DIRBL, LOW);
17              analogWrite(PWMBL, 0);
18
19              for(int cnt =0;cnt <2;cnt ++) {
20
21                      // 왼쪽 전진
22                      digitalWrite(DIRFL, HIGH);
23                      analogWrite(PWMFL, 0);
24                      digitalWrite(DIRBL, HIGH);
25                      analogWrite(PWMBL, 0);
26
27                      delay(2000);
28
29                      // 왼쪽 정지
30                      digitalWrite(DIRFL, LOW);
31                      analogWrite(PWMFL, 0);
32                      digitalWrite(DIRBL, LOW);
33                      analogWrite(PWMBL, 0);
34
35                      delay(2000);
36
37                      // 왼쪽 후진
38                      digitalWrite(DIRFL, LOW);
39                      analogWrite(PWMFL, 255);
40                      digitalWrite(DIRBL, LOW);
41                      analogWrite(PWMBL, 255);
42
43                      delay(2000);
44
45                      // 왼쪽 정지
46                      digitalWrite(DIRFL, LOW);
47                      analogWrite(PWMFL, 0);
48                      digitalWrite(DIRBL, LOW);
49                      analogWrite(PWMBL, 0);
50
51                      delay(2000);
52              }
53      }
54
55      void loop() {
56
57      }
```

06 : DIRBL 변수에 7번 핀을 할당합니다. DIRBL 변수는 왼쪽 뒷 바퀴 전후진 방향 조절에 사용됩니다.

07 : PWMBL 변수에 6번 핀을 할당합니다. PWMBL 변수는 왼쪽 뒷 바퀴 전후진 속도 조절에 사용됩니다.

12 : DIRBL를 출력으로 설정합니다.

16 : DIRBL를 LOW로 설정합니다. LOW로 설정할 경우, 왼쪽 뒷 바퀴는 후진 상태가 됩니다.

17 : PWMBL를 0으로 설정합니다. 이렇게 하면 왼쪽 뒷 바퀴의 속도 값이 0이 됩니다.

24 : DIRBL를 HIGH로 설정하여 왼쪽 뒷 바퀴를 전진 상태로 만듭니다.

25 : PWMBL를 0으로 설정하여 왼쪽 뒷 바퀴의 속도 값이 255가 되게 합니다. 이렇게 하면 DIRBL 핀에 HIGH 신호가 걸린 상태에서 PWMBL 핀에 0값이 나가므로 모터는 최대 속도가 됩니다.

32, 33 : DIRBL를 LOW로, PWMBL를 0으로 설정하여 왼쪽 뒷 바퀴를 멈춥니다.

40 : DIRBL를 LOW로 설정하여 왼쪽 뒷 바퀴를 후진 상태로 만듭니다.

41 : PWMBL를 255으로 설정하여 왼쪽 뒷 바퀴의 속도 값이 255가 되게 합니다. 이렇게 하면 DIRBL 핀에 LOW 신호가 걸린 상태에서 PWMBL 핀에 255값이 나가므로 모터는 최대 속도가 됩니다.

48, 49 : DIRBL를 LOW로, PWMBL를 0으로 설정하여 왼쪽 뒷 바퀴를 멈춥니다.

03 [툴] 메뉴를 이용하여 보드, 포트를 다음과 같이 선택합니다.

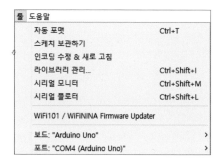

04 슬라이드 스위치를 USB 모드로 변경합니다.

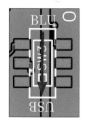

05 컴파일과 업로드를 수행합니다.

06 왼쪽 앞뒤 바퀴가 2초 간격으로 전진, 정지, 후진, 정지를 반복하는 것을 확인합니다.

오른쪽 앞 바퀴 전후진 테스트 코딩하기

다음은 오른쪽 앞 바퀴에 대한 전후진 테스트를 수행하도록 합니다.

01 [새 파일]을 하나 생성한 후, _02right_motor_test로 저장합니다.

02 다음과 같이 예제를 작성합니다.

```
01     // 오른쪽 앞 바퀴 - 전후진
02
03     // 핀 선택
04     const int DIRFR =4;
05     const int PWMFR =5;
06
07     void setup() {
08             // 오른쪽 앞 바퀴 초기화
09             pinMode(DIRFR, OUTPUT);
10
11             digitalWrite(DIRFR, LOW);
12             analogWrite(PWMFR, 0);
13
14             for(int cnt =0;cnt <2;cnt ++) {
15
16                     // 오른쪽 전진
17                     digitalWrite(DIRFR, HIGH);
18                     analogWrite(PWMFR, 0);
19
20                     delay(2000);
21
22                     // 오른쪽 정지
23                     digitalWrite(DIRFR, LOW);
24                     analogWrite(PWMFR, 0);
25
26                     delay(2000);
27
28                     // 오른쪽 후진
29                     digitalWrite(DIRFR, LOW);
30                     analogWrite(PWMFR, 255);
31
32                     delay(2000);
33
34                     // 오른쪽 정지
35                     digitalWrite(DIRFR, LOW);
```

```
36                     analogWrite(PWMFR, 0);
37
38                     delay(2000);
39              }
40        }
41
42     void loop() {
43
44        }
```

04 : DIRFR 변수에 4번 핀을 할당합니다. DIRFR 변수는 오른쪽 앞 바퀴 전후진 방향 조절에 사용됩니다.

05 : PWMFR 변수에 5번 핀을 할당합니다. PWMFR 변수는 오른쪽 앞 바퀴 전후진 속도 조절에 사용됩니다.

09 : DIRFR를 출력으로 설정합니다.

11 : DIRFR를 LOW로 설정합니다. LOW로 설정할 경우, 오른쪽 앞 바퀴는 후진 상태가 됩니다.

12 : PWMFR를 0으로 설정합니다. 이렇게 하면 오른쪽 앞 바퀴의 속도 값이 0이 됩니다.

17 : DIRFR를 HIGH로 설정하여 오른쪽 앞 바퀴를 전진 상태로 만듭니다.

18 : PWMFR를 0으로 설정하여 오른쪽 앞 바퀴의 속도 값이 255가 되게 합니다. 이렇게 하면 DIRFR 핀에 HIGH 신호가 걸린 상태에서 PWMFR 핀에 0값이 나가므로 모터는 최대 속도가 됩니다.

20 : 2000 밀리초(=2초)간 지연을 줍니다.

23, 24 : DIRFR를 LOW로, PWMFL를 0으로 설정하여 오른쪽 앞 바퀴를 멈춥니다.

26 : 2000 밀리초(=2초)간 지연을 줍니다.

29 : DIRFR를 LOW로 설정하여 오른쪽 앞 바퀴를 후진 상태로 만듭니다.

30 : PWMFR를 255으로 설정하여 오른쪽 앞 바퀴의 속도 값이 255가 되게 합니다. 이렇게 하면 DIRFR 핀에 LOW 신호가 걸린 상태에서 PWMFR 핀에 255값이 나가므로 모터는 최대 속도가 됩니다.

32 : 2000 밀리초(=2초)간 지연을 줍니다.

35, 36 : DIRFR를 LOW로, PWMFL를 0으로 설정하여 오른쪽 앞 바퀴를 멈춥니다.

38 : 2000 밀리초(=2초)간 지연을 줍니다.

02 [툴] 메뉴를 이용하여 보드, 포트를 다음과 같이 선택합니다.

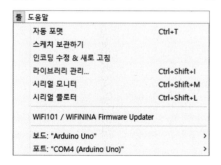

04 슬라이드 스위치를 USB 모드로 변경합니다.

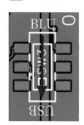

05 컴파일과 업로드를 수행합니다.

06 오른쪽 앞 바퀴가 2초 간격으로 전진, 정지, 후진, 정지를 반복하는 것을 확인합니다.

오른쪽 앞뒤 바퀴 전후진 테스트 코딩하기
다음은 오른쪽 앞뒤 바퀴에 대한 전후진 테스트를 수행하도록 합니다.

01 [새 파일]을 하나 생성한 후, _02right_motor_test_2로 저장합니다. 또는 _02right_motor_test 파일을 _02right_motor_test_2로 저장한 후, 수정합니다.

02 다음과 같이 예제를 작성합니다.

```
01      // 오른쪽 앞뒤 바퀴 - 전후진
02
03      // 핀 선택
04      const int DIRFR =4;
05      const int PWMFR =5;
06      const int DIRBR =19;
07      const int PWMBR =10;
08
09      void setup() {
10              // 오른쪽 바퀴 초기화
11              pinMode(DIRFR, OUTPUT);
12              pinMode(DIRBR, OUTPUT);
13
14              digitalWrite(DIRFR, LOW);
15              analogWrite(PWMFR, 0);
16              digitalWrite(DIRBR, LOW);
17              analogWrite(PWMBR, 0);
18
19              for(int cnt =0;cnt <2;cnt ++) {
20
21                      // 오른쪽 전진
22                      digitalWrite(DIRFR, HIGH);
23                      analogWrite(PWMFR, 0);
24                      digitalWrite(DIRBR, HIGH);
25                      analogWrite(PWMBR, 0);
26
```

```
27                    delay(2000);
28
29                    // 오른쪽 정지
30                    digitalWrite(DIRFR, LOW);
31                    analogWrite(PWMFR, 0);
32                    digitalWrite(DIRBR, LOW);
33                    analogWrite(PWMBR, 0);
34
35                    delay(2000);
36
37                    // 오른쪽 후진
38                    digitalWrite(DIRFR, LOW);
39                    analogWrite(PWMFR, 255);
40                    digitalWrite(DIRBR, LOW);
41                    analogWrite(PWMBR, 255);
42
43                    delay(2000);
44
45                    // 오른쪽 정지
46                    digitalWrite(DIRFR, LOW);
47                    analogWrite(PWMFR, 0);
48                    digitalWrite(DIRBR, LOW);
49                    analogWrite(PWMBR, 0);
50
51                    delay(2000);
52            }
53      }
54
55      void loop() {
56
57      }
```

06 : DIRBR 변수에 19번 핀을 할당합니다. DIRBR 변수는 오른쪽 뒷 바퀴 전후진 방향 조절에 사용됩니다.

07 : PWMBR 변수에 10번 핀을 할당합니다. PWMBR 변수는 오른쪽 뒷 바퀴 전후진 속도 조절에 사용됩니다.

12 : DIRBR를 출력으로 설정합니다.

16 : DIRBR를 LOW로 설정합니다. LOW로 설정할 경우. 오른쪽 뒷 바퀴는 후진 상태가 됩니다.

17 : PWMBR를 0으로 설정합니다. 이렇게 하면 오른쪽 뒷 바퀴의 속도 값이 0이 됩니다.

24 : DIRBR를 HIGH로 설정하여 오른쪽 뒷 바퀴를 전진 상태로 만듭니다.

25 : PWMBR를 0으로 설정하여 오른쪽 뒷 바퀴의 속도 값이 255가 되게 합니다. 이렇게 하면 DIRBR 핀에 HIGH 신호가 걸린 상태에서 PWMBR 핀에 0값이 나가므로 모터는 최대 속도가 됩니다.

32, 33 : DIRBR를 LOW로, PWMBR를 0으로 설정하여 오른쪽 뒷 바퀴를 멈춥니다.

40 : DIRBR를 LOW로 설정하여 오른쪽 뒷 바퀴를 후진 상태로 만듭니다.

41 : PWMBR를 255으로 설정하여 오른쪽 뒷 바퀴의 속도 값이 255가 되게 합니다. 이렇게 하면 DIRBR 핀에 LOW 신호가 걸린 상태에서 PWMBR 핀에 255값이 나가므로 모터는 최대 속도가 됩니다.

48, 49 : DIRBR를 LOW로, PWMBR를 0으로 설정하여 오른쪽 뒷 바퀴를 멈춥니다.

03 [툴] 메뉴를 이용하여 보드, 포트를 다음과 같이 선택합니다.

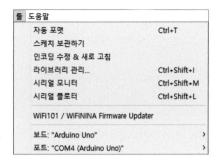

04 슬라이드 스위치를 USB 모드로 변경합니다.

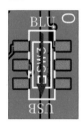

05 컴파일과 업로드를 수행합니다.

06 오른쪽 앞뒤 바퀴가 2초 간격으로 전진, 정지, 후진, 정지를 반복하는 것을 확인합니다.

양쪽 바퀴 전후진 테스트 코딩하기

다음은 양쪽 바퀴에 대한 전후진 테스트를 수행하도록 합니다.

01 [새 파일]을 하나 생성한 후, _03go_forward_backward_test로 저장합니다.

02 다음과 같이 예제를 작성합니다.

```
01      // RC카 전후진
02
03      // 왼쪽 바퀴 - 전후진
04
05      const int DIRFL =2;
06      const int PWMFL =3;
```

```
07      const int DIRBL =7;
08      const int PWMBL =6;
09
10      // 오른쪽 바퀴 - 전후진
11
12      const int DIRFR =4;
13      const int PWMFR =5;
14      const int DIRBR =19;
15      const int PWMBR =10;
16
17      void setup() {
18              // 왼쪽 바퀴 초기화
19              pinMode(DIRFL, OUTPUT);
20              pinMode(DIRBL, OUTPUT);
21
22              digitalWrite(DIRFL, LOW);
23              analogWrite(PWMFL, 0);
24              digitalWrite(DIRBL, LOW);
25              analogWrite(PWMBL, 0);
26
27              // 오른쪽 바퀴 초기화
28              pinMode(DIRFR, OUTPUT);
29              pinMode(DIRBR, OUTPUT);
30
31              digitalWrite(DIRFR, LOW);
32              analogWrite(PWMFR, 0);
33              digitalWrite(DIRBR, LOW);
34              analogWrite(PWMBR, 0);
35
36              for(int cnt =0;cnt <2;cnt ++) {
37
38                      // 전진
39                      // 왼쪽 전진
40                      digitalWrite(DIRFL, HIGH);
41                      analogWrite(PWMFL, 0);
42                      digitalWrite(DIRBL, HIGH);
43                      analogWrite(PWMBL, 0);
44                      // 오른쪽 전진
45                      digitalWrite(DIRFR, HIGH);
46                      analogWrite(PWMFR, 0);
47                      digitalWrite(DIRBR, HIGH);
48                      analogWrite(PWMBR, 0);
49
50                      delay(2000);
51
52                      // 정지
```

```
53                      // 왼쪽 정지
54                      digitalWrite(DIRFL, LOW);
55                      analogWrite(PWMFL, 0);
56                      digitalWrite(DIRBL, LOW);
57                      analogWrite(PWMBL, 0);
58                      // 오른쪽 정지
59                      digitalWrite(DIRFR, LOW);
60                      analogWrite(PWMFR, 0);
61                      digitalWrite(DIRBR, LOW);
62                      analogWrite(PWMBR, 0);
63
64                      delay(2000);
65
66                      // 후진
67                      // 왼쪽 후진
68                      digitalWrite(DIRFL, LOW);
69                      analogWrite(PWMFL, 255);
70                      digitalWrite(DIRBL, LOW);
71                      analogWrite(PWMBL, 255);
72                      // 오른쪽 후진
73                      digitalWrite(DIRFR, LOW);
74                      analogWrite(PWMFR, 255);
75                      digitalWrite(DIRBR, LOW);
76                      analogWrite(PWMBR, 255);
77
78                      delay(2000);
79
80                      // 정지
81                      // 왼쪽 정지
82                      digitalWrite(DIRFL, LOW);
83                      analogWrite(PWMFL, 0);
84                      digitalWrite(DIRBL, LOW);
85                      analogWrite(PWMBL, 0);
86                      // 오른쪽 정지
87                      digitalWrite(DIRFR, LOW);
88                      analogWrite(PWMFR, 0);
89                      digitalWrite(DIRBR, LOW);
90                      analogWrite(PWMBR, 0);
91
92                      delay(2000);
93              }
94      }
95
96      void loop() {
97
98      }
```

18~25 : 왼쪽 바퀴를 초기화합니다.

27~34 : 오른쪽 바퀴를 초기화합니다.

38~48 : 전진을 위해 왼쪽 바퀴와 오른쪽 바퀴를 전진시킵니다.

50 : 2000 밀리초(=2초)간 지연을 줍니다.

52~62 : 정지하기 위해 왼쪽 바퀴와 오른쪽 바퀴를 멈춥니다.

64 : 2000 밀리초(=2초)간 지연을 줍니다.

66~76 : 후진을 위해 왼쪽 바퀴와 오른쪽 바퀴를 전진시킵니다.

78 : 2000 밀리초(=2초)간 지연을 줍니다.

80~90 : 정지하기 위해 왼쪽 바퀴와 오른쪽 바퀴를 멈춥니다.

92 : 2000 밀리초(=2초)간 지연을 줍니다.

03 [툴] 메뉴를 이용하여 보드, 포트를 다음과 같이 선택합니다.

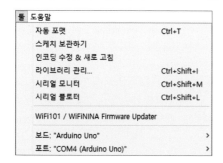

04 슬라이드 스위치를 USB 모드로 변경합니다.

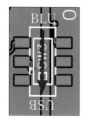

05 컴파일과 업로드를 수행합니다.

06 양쪽 바퀴가 2초 간격으로 전진, 정지, 후진, 정지를 반복하는 것을 확인합니다.

01-4 방향 전환 테스트 코딩하기

여기서는 아두이노 스케치를 이용하여 조향 테스트 코딩을 수행하도록 합니다. 조향 테스트는 좌향, 우향, 정지 테스트를 수행하도록 합니다.

01 [새 파일]을 하나 생성한 후, _04go_left_right_test로 저장합니다.

파일	편집 스케치 툴 도움말
새 파일	Ctrl+N

02 다음과 같이 예제를 작성합니다.

```
01      // RC카 좌회전 우회전
02
03      // 왼쪽 바퀴 - 전후진
04
05      const int DIRFL =2;
06      const int PWMFL =3;
07      const int DIRBL =7;
08      const int PWMBL =6;
09
10      // 오른쪽 바퀴 - 전후진
11
12      const int DIRFR =4;
13      const int PWMFR =5;
14      const int DIRBR =19;
15      const int PWMBR =10;
16
17      void setup() {
18              // 왼쪽 바퀴 초기화
19              pinMode(DIRFL, OUTPUT);
20              pinMode(DIRBL, OUTPUT);
21
22              digitalWrite(DIRFL, LOW);
23              analogWrite(PWMFL, 0);
24              digitalWrite(DIRBL, LOW);
25              analogWrite(PWMBL, 0);
26
27              // 오른쪽 바퀴 초기화
28              pinMode(DIRFR, OUTPUT);
29              pinMode(DIRBR, OUTPUT);
30
31              digitalWrite(DIRFR, LOW);
32              analogWrite(PWMFR, 0);
33              digitalWrite(DIRBR, LOW);
34              analogWrite(PWMBR, 0);
35
36              for(int cnt =0;cnt <2;cnt ++) {
37
38                      // 우회전
39                      // 왼쪽 전진
40                      digitalWrite(DIRFL, HIGH);
41                      analogWrite(PWMFL, 0);
42                      digitalWrite(DIRBL, HIGH);
43                      analogWrite(PWMBL, 0);
```

```
44              // 오른쪽 후진
45              digitalWrite(DIRFR, LOW);
46              analogWrite(PWMFR, 255);
47              digitalWrite(DIRBR, LOW);
48              analogWrite(PWMBR, 255);
49
50              delay(2000);
51
52              // 정지
53              // 왼쪽 정지
54              digitalWrite(DIRFL, LOW);
55              analogWrite(PWMFL, 0);
56              digitalWrite(DIRBL, LOW);
57              analogWrite(PWMBL, 0);
58              // 오른쪽 정지
59              digitalWrite(DIRFR, LOW);
60              analogWrite(PWMFR, 0);
61              digitalWrite(DIRBR, LOW);
62              analogWrite(PWMBR, 0);
63
64              delay(2000);
65
66              // 좌회전
67              // 왼쪽 후진
68              digitalWrite(DIRFL, LOW);
69              analogWrite(PWMFL, 255);
70              digitalWrite(DIRBL, LOW);
71              analogWrite(PWMBL, 255);
72              // 오른쪽 전진
73              digitalWrite(DIRFR, HIGH);
74              analogWrite(PWMFR, 0);
75              digitalWrite(DIRBR, HIGH);
76              analogWrite(PWMBR, 0);
77
78              delay(2000);
79
80              // 정지
81              // 왼쪽 정지
82              digitalWrite(DIRFL, LOW);
83              analogWrite(PWMFL, 0);
84              digitalWrite(DIRBL, LOW);
85              analogWrite(PWMBL, 0);
86              // 오른쪽 정지
87              digitalWrite(DIRFR, LOW);
88              analogWrite(PWMFR, 0);
89              digitalWrite(DIRBR, LOW);
90              analogWrite(PWMBR, 0);
91
92              delay(2000);
93          }
```

```
94            }
95
96       void loop() {
97
98            }
```

18~25 : 왼쪽 바퀴를 초기화합니다.

27~34 : 오른쪽 바퀴를 초기화합니다.

38~48 : 우회전을 위해 왼쪽 바퀴는 전진, 오른쪽 바퀴는 후진시킵니다.

50　　 : 2000 밀리초(=2초)간 지연을 줍니다.

52~62 : 정지하기 위해 왼쪽 바퀴와 오른쪽 바퀴를 멈춥니다.

64　　 : 2000 밀리초(=2초)간 지연을 줍니다.

66~76 : 좌회전을 위해 왼쪽 바퀴는 후진, 오른쪽 바퀴는 후진시킵니다.

78　　 : 2000 밀리초(=2초)간 지연을 줍니다.

80~90 : 정지하기 위해 왼쪽 바퀴와 오른쪽 바퀴를 멈춥니다.

92　　 : 2000 밀리초(=2초)간 지연을 줍니다.

03 [툴] 메뉴를 이용하여 보드, 포트를 다음과 같이 선택합니다.

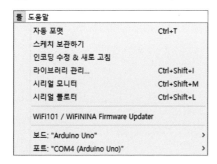

04 슬라이드 스위치를 USB 모드로 변경합니다.

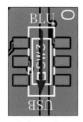

05 컴파일과 업로드를 수행합니다.

06 RC카가 2초 간격으로 우회전, 정지, 좌회전, 정지를 반복하는 것을 확인합니다.

02 사용자 입력 제어 기능 추가하기

여기서는 사용자 입력을 받아 모터를 제어하는 기능을 추가해 보도록 합니다.

02-1 사용자 입력 받기 테스트 코딩하기

여기서는 아두이노 스케치를 이용하여 사용자로부터 입력을 받아 출력해 보는 테스트 코딩을 수행하도록 합니다.

01 [새 파일]을 하나 생성한 후, _05serial_remote_test로 저장합니다.

파일	편집	스케치	툴	도움말
새 파일		Ctrl+N		

02 다음과 같이 예제를 작성합니다.

```
01    void setup() {
02            Serial.begin(9600);
03    }
04
05    void loop() {
06            if(Serial.available()) {
07                    char r_data = Serial.read();
08
09                    Serial.print(r_data);
10            }
11    }
```

02 : 시리얼 통신을 위해 9600 bps로 초기화합니다. bps는 bits per second의 약자로 초당 비트수를 나타냅니다. 즉, 초당 9600 비트를 보내는 속도로 초기화합니다. 시리얼 통신을 통해 알파벳 문자 하나를 보낼 때는 10비트 정도가 사용됩니다. 그래서 9600 bps는 초당 960개의 알파벳 문자를 보낼 수 있는 속도입니다. A4 용지 한 면에는 약 2000개의 알파벳 문자를 담을 수 있습니다. 따라서 960개의 문자는 A4 용지 반 페이지 정도를 채울 수 있습니다.

06 : Serial.available 함수를 호출하여 시리얼 모듈에 도착한 문자의 개수가 1개 이상인지 확인합니다. Serial.available 함수는 시리얼 모듈에 도착한 문자의 개수를 리턴해 줍니다.

07 : Serial.read 함수를 호출하여 한 문자를 읽어 r_data 변수에 저장합니다.

09 : Serial.print 함수를 호출하여 r_data 변수가 가진 값을 시리얼로 출력합니다.

03 [툴] 메뉴를 이용하여 보드, 포트를 다음과 같이 선택합니다.

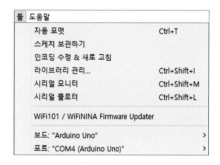

04 슬라이드 스위치를 USB 모드로 변경합니다.

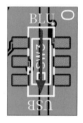

05 컴파일과 업로드를 수행합니다.

06 업로드가 완료되면, [시리얼 모니터] 버튼을 클릭합니다.

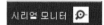

07 시리얼 통신 속도를 9600으로 맞추어 줍니다.

08 다음과 같이 에코 테스트를 수행합니다.

시리얼 모니터의 입력 창에 hello를 입력한 후, 엔터키를 쳐 봅니다.

02-2 주행 조향 제어 기능 추가하기

이제 무선 조종 RC카 프로젝트를 하나 생성한 후, 사용자 입력 기능과 사용자 입력에 따른 RC카의 전진, 후진, 좌회전, 우회전 제어 기능을 추가해 보도록 합니다.

01 [새 파일]을 하나 생성한 후, project_remote_rc_car로 저장합니다.

파일	편집 스케치 툴 도움말	
새 파일		Ctrl+N

02 다음과 같이 예제를 작성합니다.

```
project_remote_rc_car
01    void setup() {
02          remote_setup();
03          motor_setup();
04    }
05
06    void loop() {
07          remote_loop();
08          motor_loop();
09    }
```

02 : remote_setup 함수를 호출하여 원격 입력을 설정합니다. 원격 입력은 PC 또는 안드로이드 폰으로부터 받게 됩니다. PC로부터의 원격 입력은 시리얼을 통한 유선으로 안드로이드 폰으로부터의 원격 입력은 블루투스를 통한 무선을 통해 받게 됩니다. remote_setup 함수는 바로 뒤에서 정의해 줍니다.

03 : motor_setup 함수를 호출하여 모터를 설정합니다. motor_setup 함수는 바로 뒤에서 정의해 줍니다.

07 : remote_loop 함수를 호출하여 원격 입력을 처리합니다. remote_loop 함수는 바로 뒤에서 정의해 줍니다.

08 : motor_loop 함수를 호출하여 모터의 동작을 처리합니다. motor_loop 함수는 바로 뒤에서 정의해 줍니다.

03 계속해서 다음과 같이 코드를 추가합니다.

```
10
11      void remote_setup() {
12              Serial.begin(9600);
13      }
14
15      void remote_loop() {
16              check_remote_input();
17              distribute_remote_input();
18      }
```

11~13 : remote_setup 함수를 정의합니다.

12 : 시리얼 통신 속도를 9600 bps로 초기화합니다.

15~18 : remote_loop 함수를 정의합니다.

16 : check_remote_input 함수를 호출하여 원격 입력을 확인합니다. check_remote_input 함수는 바로 뒤에서 정의해 줍니다.

17 : distribute_remote_input 함수를 호출하여 원격 입력을 분배합니다. 원격 입력은 주행과 조향을 위한 모터 제어 함수, 전조등과 후미등을 위한 LED 제어 함수, 경적을 위한 부저 제어 함수로 분배됩니다. distribute_remote_input 함수는 바로 뒤에서 정의해 줍니다.

04 계속해서 다음과 같이 코드를 추가합니다.

```
19
20      char remote_input;
21      bool remote_input_changed =false;
22
23      void check_remote_input() {
24              if(Serial.available()) {
25                      remote_input = Serial.read();
26                      remote_input_changed =true;
27              }
28      }
```

20 : remote_input 변수를 선언합니다. remote_input 변수는 한 문자를 담을 수 있는 변수로 시리얼 또는 블루투스를 통해 사용자가 입력한 문자를 저장하는 역할을 합니다.

21 : remote_input_changed 변수를 선언한 후, false로 초기화합니다. remote_input_changed 변수는 true나 false 값을 저장할 수 있는 변수입니다.

23~28 : check_remote_input 함수를 정의합니다.

24 : Serial.available 함수를 호출하여 시리얼 모듈에 도착한 문자의 개수가 1개 이상인지 확인합니다. Serial.available 함수는 시리얼 모듈에 도착한 문자의 개수를 리턴해 줍니다.

25 : Serial.read 함수를 호출하여 한 문자를 읽어 remote_input 변수에 저장합니다.

26 : remote_input_changed 값을 true로 변경하여 사용자로부터의 원격 입력이 변경되었다는 것을 알립니다.

05 계속해서 다음과 같이 코드를 추가합니다.

```
29
30        enum {
31                GOFORWARD = 'f',
32                GOBACKWARD = 'b',
33                TURNLEFT = 'l',
34                TURNRIGHT = 'r',
35                STOP = 's',
36        }; /*SERIAL*/
37
38        char driving_action = STOP;
39        bool driving_action_changed =false;
40
41        void distribute_remote_input() {
42                if(remote_input_changed) {
43                        remote_input_changed =false;
44
45                        if(remote_input == GOFORWARD ||
46                                        remote_input == GOBACKWARD ||
47                                        remote_input == TURNLEFT ||
48                                        remote_input == TURNRIGHT ||
49                                        remote_input == STOP) {
50                                driving_action = remote_input;
51                                driving_action_changed =true;
52                        }
53                }
54        }
```

30~36 : enum을 이용하여 상수 집합을 만들고 각 상수에 이름을 붙여줍니다. enum은 상수 집합을 만들고 각 상수에 이름을 붙여주는 방법이며, 코드에 대한 가독성을 높여주기 위해 사용합니다. 여기서는 시리얼을 통해 시리얼 모니터로부터 입력된 문자에 이름을 붙여주고 있습니다.

31 : 'f' 문자의 이름을 GOFORWARD로 정의합니다.

32 : 'b' 문자의 이름을 GOBACKWARD로 정의합니다.

33 : 'l' 문자의 이름을 TURNLEFT로 정의합니다.

34 : 'r' 문자의 이름을 TURNRIGHT로 정의합니다.

35 : 's' 문자의 이름을 STOP으로 정의합니다.

38 : driving_action 변수를 선언한 후, STOP 값으로 초기화합니다. driving_action 변수는 한 문자를 담을 수 있는 변수로 RC카에 대한 전진, 후진, 좌회전, 우회전, 정지 상태를 저장할 수 있는 변수입니다.

39 : driving_action_changed 변수를 선언한 후, false로 초기화합니다. driving_action_changedd 변수는 true나 false 값을 저장할 수 있는 변수로 RC카에 대한 전진, 후진, 좌회전, 우회전, 정지 상태가 변경될 경우, 변경되었다는 것을 알리기 위해 사용됩니다.

41~54 : distribute_remote_input 함수를 정의합니다.

42 : remote_input_changed 값을 확인하여 사용자로부터의 원격 입력이 변경된 것을 확인합니다.

43 : remote_input_changed 값을 false로 변경하여 042~053의 재수행을 멈춥니다.

45 : remote_input 값이 GOFORWARD 또는

46	: remote_input 값이 GOBACKWARD 또는
47	: remote_input 값이 TURNLEFT 또는
48	: remote_input 값이 TURNRIGHT 또는
49	: remote_input 값이 STOP 일 경우
50	: driving_action 값을 remote_input 값으로 변경하고,
51	: driving_action_changed 값을 true로 변경하여 driving_action 값이 변경되었다는 것을 알립니다.

06 모터 제어를 위해 wheel_control 파일을 하나 추가합니다. 다음과 같이 [새 탭] 메뉴를 선택합니다.

07 추가할 파일의 이름으로 wheel_control을 입력한 후, [확인] 버튼을 누릅니다.

08 다음과 같이 wheel_control 파일이 추가된 것을 확인합니다.

09 다음과 같이 예제를 추가합니다.

```
wheel_control
01      // 왼쪽 바퀴 - 전후진
02
03      const int DIRFL =2;
04      const int PWMFL =3;
05      const int DIRBL =7;
06      const int PWMBL =6;
07
08      // 오른쪽 바퀴 - 전후진
09
10      const int DIRFR =4;
11      const int PWMFR =5;
12      const int DIRBR =19;
13      const int PWMBR =10;
14
15      void motor_setup() {
16              // 왼쪽 바퀴 초기화
17              pinMode(DIRFL, OUTPUT);
18              pinMode(DIRBL, OUTPUT);
19
20              digitalWrite(DIRFL, LOW);
```

```
21              analogWrite(PWMFL, 0);
22              digitalWrite(DIRBL, LOW);
23              analogWrite(PWMBL, 0);
24
25              // 오른쪽 바퀴 초기화
26              pinMode(DIRFR, OUTPUT);
27              pinMode(DIRBR, OUTPUT);
28
29              digitalWrite(DIRFR, LOW);
30              analogWrite(PWMFR, 0);
31              digitalWrite(DIRBR, LOW);
32              analogWrite(PWMBR, 0);
33      }
34
35      void motor_loop() {
36              process_driving_action();
37      }
```

03 : DIRFL 변수에 2번 핀을 할당합니다. DIRFL 변수는 왼쪽 앞 바퀴 전후진 방향 조절에 사용됩니다.

04 : PWMFL 변수에 3번 핀을 할당합니다. PWMFL 변수는 왼쪽 앞 바퀴 전후진 속도 조절에 사용됩니다.

05 : DIRBL 변수에 7번 핀을 할당합니다. DIRBL 변수는 왼쪽 뒷 바퀴 전후진 방향 조절에 사용됩니다.

06 : PWMBL 변수에 6번 핀을 할당합니다. PWMBL 변수는 왼쪽 뒷 바퀴 전후진 속도 조절에 사용됩니다.

10 : DIRFR 변수에 4번 핀을 할당합니다. DIRFL 변수는 오른쪽 앞 바퀴 전후진 방향 조절에 사용됩니다.

11 : PWMFR 변수에 5번 핀을 할당합니다. PWMFL 변수는 오른쪽 앞 바퀴 전후진 속도 조절에 사용됩니다.

12 : DIRBR 변수에 19번 핀을 할당합니다. DIRBL 변수는 오른쪽 뒷 바퀴 전후진 방향 조절에 사용됩니다.

13 : PWMBR 변수에 10번 핀을 할당합니다. PWMBL 변수는 오른쪽 뒷 바퀴 전후진 속도 조절에 사용됩니다.

15~33 : motor_setup 함수를 정의합니다.

16~23 : 왼쪽 바퀴를 초기화합니다.

26~32 : 오른쪽 바퀴를 초기화합니다.

35~37 : motor_loop 함수를 정의합니다.

36 : process_driving_action 함수를 호출하여 RC카 주행, 조행을 위한 동작을 처리합니다. process_driving_action 함수는 바로 뒤에서 정의해 줍니다.

10 계속해서 다음과 같이 코드를 추가합니다.

```
wheel_control
38
39      void process_driving_action() {
40              if(driving_action_changed) {
41                      driving_action_changed =false;
42
43                      if(driving_action == GOFORWARD) {
44                              go_forward();
45                      } else if(driving_action == GOBACKWARD) {
46                              go_backward();
```

```
47              } else if(driving_action == TURNLEFT) {
48                      turn_left();
49              } else if(driving_action == TURNRIGHT) {
50                      turn_right();
51              } else if(driving_action == STOP) {
52                      stop_driving();
53              }
54          }
55      }
```

39~55 : process_driving_action 함수를 정의합니다.

40 : driving_action_changed 값을 확인하여 주행 또는 조향 방향이 변경된 것을 확인합니다.

41 : driving_action_changed 값을 false로 변경하여 085~099의 재수행을 멈춥니다.

43 : driving_action 값이 GOFORWARD 이면

44 : go_forward 함수를 호출하여 전진을 수행합니다. go_forward 함수는 바로 뒤에서 정의해 줍니다.

45 : driving_action 값이 GOBACKWARD 이면

46 : go_backward 함수를 호출하여 후진을 수행합니다. go_backward 함수는 바로 뒤에서 정의해 줍니다.

47 : driving_action 값이 TURNLEFT 이면

48 : turn_left 함수를 호출하여 좌회전을 수행합니다. turn_left 함수는 바로 뒤에서 정의해 줍니다.

49 : driving_action 값이 TURNRIGHT 이면

50 : turn_right 함수를 호출하여 우회전을 수행합니다. turn_right 함수는 바로 뒤에서 정의해 줍니다.

51 : driving_action 값이 STOP 이면

52 : stop_driving 함수를 호출하여 주행을 멈춥니다. stop_driving 함수는 바로 뒤에서 정의해 줍니다.

11 계속해서 다음과 같이 코드를 추가합니다.

wheel_control

```
056
057     void go_forward() {
058             // 전진
059             // 왼쪽 전진
060             digitalWrite(DIRFL, HIGH);
061             analogWrite(PWMFL, 0);
062             digitalWrite(DIRBL, HIGH);
063             analogWrite(PWMBL, 0);
064             // 오른쪽 전진
065             digitalWrite(DIRFR, HIGH);
066             analogWrite(PWMFR, 0);
067             digitalWrite(DIRBR, HIGH);
068             analogWrite(PWMBR, 0);
069     }
070
071     void go_backward() {
072             // 후진
073             // 왼쪽 후진
074             digitalWrite(DIRFL, LOW);
075             analogWrite(PWMFL, 255);
```

```
076            digitalWrite(DIRBL, LOW);
077            analogWrite(PWMBL, 255);
078            // 오른쪽 후진
079            digitalWrite(DIRFR, LOW);
080            analogWrite(PWMFR, 255);
081            digitalWrite(DIRBR, LOW);
082            analogWrite(PWMBR, 255);
083    }
084
085    void turn_left() {
086            // 좌회전
087            // 왼쪽 후진
088            digitalWrite(DIRFL, LOW);
089            analogWrite(PWMFL, 255);
090            digitalWrite(DIRBL, LOW);
091            analogWrite(PWMBL, 255);
092            // 오른쪽 전진
093            digitalWrite(DIRFR, HIGH);
094            analogWrite(PWMFR, 0);
095            digitalWrite(DIRBR, HIGH);
096            analogWrite(PWMBR, 0);
097    }
098
099    void turn_right() {
100            // 우회전
101            // 왼쪽 전진
102            digitalWrite(DIRFL, HIGH);
103            analogWrite(PWMFL, 0);
104            digitalWrite(DIRBL, HIGH);
105            analogWrite(PWMBL, 0);
106            // 오른쪽 후진
107            digitalWrite(DIRFR, LOW);
108            analogWrite(PWMFR, 255);
109            digitalWrite(DIRBR, LOW);
110            analogWrite(PWMBR, 255);
111    }
112
113    void stop_driving() {
114            // 정지
115            // 왼쪽 정지
116            digitalWrite(DIRFL, LOW);
117            analogWrite(PWMFL, 0);
118            digitalWrite(DIRBL, LOW);
119            analogWrite(PWMBL, 0);
120            // 오른쪽 정지
121            digitalWrite(DIRFR, LOW);
122            analogWrite(PWMFR, 0);
123            digitalWrite(DIRBR, LOW);
124            analogWrite(PWMBR, 0);
125    }
```

57~69 : go_forward 함수를 정의합니다. go_forward 함수에서는 왼쪽과 오른쪽 모터를 200의 속도로 전진시킵니다.

71~83 : go_backward 함수를 정의합니다. go_backward 함수에서는 왼쪽과 오른쪽 모터를 255의 속도로 후진시킵니다.

65~97 : turn_left함수를 정의합니다. turn_left 함수에서는 왼쪽과 오른쪽 모터를 255의 속도로 각각 후진과 전진을 시킵니다.

99~111 : turn_right 함수를 정의합니다. turn_right 함수에서는 왼쪽과 오른쪽 모터를 255의 속도로 각각 전진과 후진을 시킵니다.

113~125 : stop_driving 함수를 정의합니다. stop_driving 함수에서는 왼쪽과 오른쪽 모터를 0의 속도를 주면서 멈춥니다.

12 [툴] 메뉴를 이용하여 보드, 포트를 다음과 같이 선택합니다.

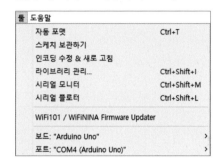

13 슬라이드 스위치를 USB 모드로 변경합니다.

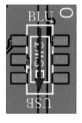

14 컴파일과 업로드를 수행합니다.

15 업로드가 완료되면, [시리얼 모니터] 버튼을 클릭합니다.

16 시리얼 통신 속도를 9600으로 맞추어 줍니다.

17 시리얼 모니터를 통해 f, b, l, r, s 문자를 입력하여 주행, 조향 테스트를 수행합니다.

02-3 조향 제어 명령 추가하기

여기서는 project_remote_rc_car를 project_remote_rc_car_2로 저장한 후, 좌전진, 우전진, 좌후진, 우후진 명령을 추가해 보도록 합니다.

01 project_remote_rc_car를 project_remote_rc_car_2로 저장한 후, 실습을 진행합니다.

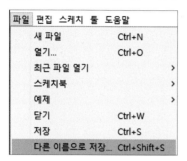

※ 제공되는 소스를 사용하여 실습할수도 있습니다.

02 enum 정의 부분을 다음과 같이 수정합니다.

```
project_remote_rc_car_2

29
30      enum {
31              GOFORWARD = 'f',
32              GOBACKWARD = 'b',
33              TURNLEFT = 'l',
34              TURNRIGHT = 'r',
35              STOP = 's',
36              GOFORWARDLEFT = 'g',
37              GOFORWARDRIGHT = 'i',
38              GOBACKWARDLEFT = 'h',
39              GOBACKWARDRIGHT = 'j',
40      }; /*SERIAL*/
```

36~39 : enum 상수 집합에 상수를 추가해줍니다. enum은 상수 집합을 만들고 각 상수에 이름을 붙여주는 방법이며, 코드에 대한 가독성을 높여주기 위해 사용합니다. 여기서는 시리얼을 통해 시리얼 모니터로부터 입력된 문자에 이름을 붙여주고 있습니다.

36 : 'g' 문자의 이름을 GOFORWARDLEFT로 정의합니다.

37 : 'i' 문자의 이름을 GOBACKWARDRIGHT로 정의합니다.

38 : 'h' 문자의 이름을 GOBACKWARDLEFT로 정의합니다.

39 : 'j' 문자의 이름을 GOBACKWARDRIGHT로 정의합니다.

03 distribute_remote_input 함수를 다음과 같이 수정합니다.

```
project_remote_rc_car_2
44
45     void distribute_remote_input() {
46         if(remote_input_changed) {
47             remote_input_changed =false;
48
49             if(remote_input == GOFORWARD ||
50                         remote_input == GOBACKWARD ||
51                         remote_input == TURNLEFT ||
52                         remote_input == TURNRIGHT ||
53                         remote_input == STOP ||
54                         remote_input == GOFORWARDLEFT ||
55                         remote_input == GOFORWARDRIGHT ||
56                         remote_input == GOBACKWARDLEFT ||
57                         remote_input == GOBACKWARDRIGHT) {
58                 driving_action = remote_input;
59                 driving_action_changed =true;
60             }
61         }
62     }
```

54 : remote_input 값이 GOFORWARDLEFT 또는
55 : GOFORWARDRIGHT 또는
56 : GOBACKWARDLEFT 또는
57 : GOBACKWARDRIGHT 일 경우
58 : driving_action 값을 remote_input 값으로 변경하고,
59 : driving_action_changed 값을 true로 변경하여 driving_action 값이 변경되었다는 것을 알립니다.

04 process_driving_action 함수를 다음과 같이 수정합니다.

```
wheel_control
38
39     void process_driving_action() {
40         if(driving_action_changed) {
41             driving_action_changed =false;
42
43             if(driving_action == GOFORWARD) {
44                 go_forward();
45             } else if(driving_action == GOBACKWARD) {
46                 go_backward();
47             } else if(driving_action == TURNLEFT) {
48                 turn_left();
49             } else if(driving_action == TURNRIGHT) {
50                 turn_right();
```

```
51                          } else if(driving_action == STOP) {
52                                  stop_driving();
53                          } else if(driving_action == GOFORWARDLEFT) {
54                                  go_forward_left();
55                          } else if(driving_action == GOFORWARDRIGHT) {
56                                  go_forward_right();
57                          } else if(driving_action == GOBACKWARDLEFT) {
58                                  go_backward_left();
59                          } else if(driving_action == GOBACKWARDRIGHT) {
60                                  go_backward_right();
61                          }
62                  }
63          }
```

53 : driving_action 값이 GOFORWARDLEFT 이면

54 : go_forward_left 함수를 호출하여 왼쪽 전진을 수행합니다. go_forward_left 함수는 바로 뒤에서 정의해 줍니다.

55 : driving_action 값이 GOFORWARDRIGHT 이면

56 : go_forward_right 함수를 호출하여 오른쪽 전진을 수행합니다. go_forward_right 함수는 바로 뒤에서 정의해 줍니다.

57 : driving_action 값이 GOBACKWARDLEFT 이면

58 : go_backward_left 함수를 호출하여 왼쪽 후진을 수행합니다. go_backward_left 함수는 바로 뒤에서 정의해 줍니다.

59 : driving_action 값이 GOBACKWARDRIGHT 이면

60 : go_backward_right 함수를 호출하여 오른쪽 후진을 수행합니다. go_backward_right 함수는 바로 뒤에서 정의해 줍니다.

05 마지막으로 다음과 같이 코드를 추가합니다.

wheel_control

```
134
135     void go_forward_left() {
136             turn_left();
137     }
138
139     void go_forward_right() {
140             turn_right();
141     }
142
143     void go_backward_left() {
144             turn_right();
145     }
146
147     void go_backward_right() {
148             turn_left();
149     }
```

135~137	: go_forward_left 함수를 정의합니다.
136	: turn_left 함수를 호출하여 왼쪽으로 회전합니다. turn_left 함수는 앞에서 정의해주었습니다.
139~141	: go_forward_right 함수를 정의합니다.
140	: turn_right 함수를 호출하여 오른쪽으로 회전합니다. turn_right 함수는 앞에서 정의해주었습니다.
143~145	: go_backward_left함수를 정의합니다.
144	: turn_right 함수를 호출하여 오른쪽으로 회전합니다. turn_right 함수는 앞에서 정의해주었습니다.
147~149	: go_backward_right 함수를 정의합니다.
148	: turn_left 함수를 호출하여 왼쪽으로 회전합니다. turn_left 함수는 앞에서 정의해주었습니다.

06 [툴] 메뉴를 이용하여 보드, 포트를 다음과 같이 선택합니다.

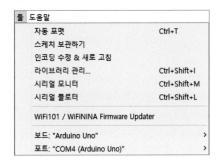

07 슬라이드 스위치를 USB 모드로 변경합니다.

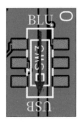

08 컴파일과 업로드를 수행합니다.

09 업로드가 완료되면, [시리얼 모니터] 버튼을 클릭합니다.

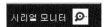

10 시리얼 통신 속도를 9600으로 맞추어 줍니다.

11 시리얼 모니터를 통해 g, i, h, j 문자를 입력하여 좌전진, 우전진, 좌후진, 우후진 테스트를 수행
합니다.

03 원격 제어 기능 추가하기

여기서는 다음 앱을 이용하여 RC카를 원격 제어해 봅니다.

이 앱은 Bluetooth RC Controller라는 이름의 안드로이드 앱입니다.

※ 아이폰 사용자의 경우 앱이 제공되지 않습니다.

03-1 안드로이드 어플 살펴보기

블루투스를 통해 RC카를 제어하기 위해 'arduino bluetooth rc car' 앱을 사용합니다. 다음과 같이
설치를 진행합니다.

01 Google Play에서 'arduino bluetooth rc car'를 검색합니다.

02 다음 앱을 찾아서 스마트 폰에 설치합니다.

03 앱은 다음과 같은 형태의 UI를 가지고 있습니다.

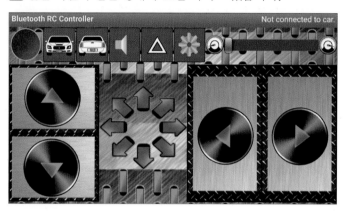

04 앱에서 다음 메뉴 버튼을 눌러봅니다.

05 그러면 다음과 같은 하위 메뉴가 뜹니다.

Option Menu
🔍 Connect to car
🔁 Accelerometer control
☰ Settings
🗑 Close app

06 Settings 메뉴는 RC카 조종 화면에서 아이콘을 눌렀을 때, 어떤 문자가 RC카로 전달되는지를 알려줍니다. Settings 메뉴를 선택합니다. 그러면 다음과 같은 명령 문자를 볼 수 있습니다.

Forward -> F
Back -> B
Left -> L
Right -> R
Forward Left -> G
Forward Right -> I
BackLeft -> H
BackRight -> J
Stop -> S
Front Lights On -> W (upper case)
Front Lights Off -> w (lower case)
Back Lights On -> U (upper case)
Back Lights Off -> u (lower case)
Horn On -> V (upper case)
Horn Off -> v (lower case)

Extra On -> X (upper case)
Extra Off -> x (lower case)
Speed 0 -> 0 (zero)
Speed 10 -> 1
Speed 20 -> 2
Speed 30 -> 3
Speed 40 -> 4
Speed 50 -> 5
Speed 60 -> 6
Speed 70 -> 7
Speed 80 -> 8
Speed 90 -> 9
Speed 100 -> q
Stop All -> D

뒤에서 우리는 이 명령 문자들을 이용하여 아두이노 RC카를 제어하게 됩니다.

03-2 블루투스 모듈 살펴보기

아두이노 우노의 TX, RX 핀은 USB 연결 단자를 통해 컴퓨터로 연결됩니다. 이 두 핀을 통해 아두이노 스케치를 업로드 하기도 하고, 시리얼 모니터를 통해 결과 메시지를 받아 볼 수도 있습니다.

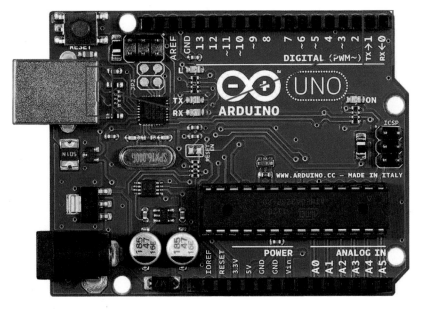

그림에서 컴퓨터의 시리얼 포트로 연결되는 TX, RX는 TX, RX 핀을 통해 연결할 수 있습니다.
여기서 사용할 블루투스 모듈은 다음과 같습니다. 이 모듈은 블루투스 인터페이스와 시리얼 인터페이스를 가지고 있습니다.

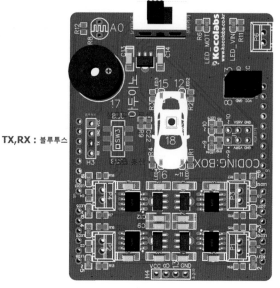

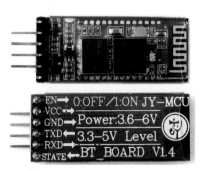

TX,RX : 블루투스

▲ 블루투스 모듈

블루투스 모듈은 아두이노 코딩박스의 블루투스 연결 단자를 통해 아두이노에 연결됩니다. 블루투스 모듈의 TX 핀은 아두이노의 0번 핀에 연결되어 있습니다. 블루투스 모듈의 RX 핀은 아두이노와 연결하지 않은 상태로 데이터는 블루투스에서 아두이노로만 전달됩니다.

블루투스 모듈의 TXD 핀을 아두이노 우노의 RX 핀에 연결한 상태에서는 스케치 업로드를 할 수 없습니다. PC로 연결된 USB 쪽에서 아두이노 우노의 RX 핀을 쓸 수 없는 상태가 되기 때문입니다. 그래서 아두이노 코딩박스의 경우 다음과 같이 슬라이드 스위치를 사용하여 이 문제를 해결합니다.

슬라이드 스위치가 USB쪽에 있으면 아두이노의 RX 핀은 USB와 연결되어 스케치 업로드와 USB를 통한 시리얼 통신이 가능합니다. 슬라이드 스위치가 BLU쪽에 있으면 아두이노의 RX 핀은 블루투스와 연결되어 블루투스로부터 데이터를 받을 수 있습니다.

03-3 블루투스 모듈 페어링하기

블루투스를 통해 아두이노와 통신하기 위해서는 먼저 페어링의 과정을 수행해야 합니다. 다음과 같은 순서로 블루투스 페어링을 수행합니다.

01 스마트 폰에서 다음과 같이 안드로이드 [설정]앱을 띄웁니다. [네트워크]-[Bluetooth] 메뉴를 선택합니다.

02 검색 버튼을 눌러 블루투스 디바이스를 검색합니다. 아래 예제에서는 HC-06이 [연결 가능한 기기]로 표시되어 있습니다.

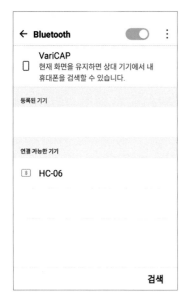

설정한 이름에 따라 smartcar00, smartcar01, smartcar02, ... 등과 같이 표시될 수 있습니다.

03 비밀번호로 "1234" 또는 "0000"을 입력합니다.

03-4 블루투스 입력 받기 테스트 코딩하기

여기서는 아두이노 스케치를 이용하여 블루투스로부터 입력을 받아 출력해 보는 테스트 코딩을 수행하도록 합니다.

블루투스 입력 받기

01 [새 파일]을 하나 생성한 후, _06bluetooth_remote_test로 저장합니다.

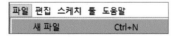

02 다음과 같이 예제를 작성합니다.

```
_06bluetooth_remote_test

01    void setup() {
02        Serial.begin(9600);
03    }
04
05    void loop() {
06        if(Serial.available()) {
07            char r_data = Serial.read();
08
09            Serial.print(r_data);
10        }
11    }
```

02 : 시리얼 통신을 위해 9600 bps로 초기화합니다. 블루투스 모듈의 TXD 핀이 아두이노 우노의 RX 핀에 연결되어 있으므로 TX, RX 핀을 제어하는 Serial 클래스를 사용합니다.

06 : Serial.available 함수를 호출하여 시리얼 모듈에 도착한 문자의 개수가 1개 이상인지 확인합니다. Serial.available 함수는 시리얼 모듈에 도착한 문자의 개수를 리턴해 줍니다.

07 : Serial.read 함수를 호출하여 한 문자를 읽어 r_data 변수에 저장합니다.

09 : Serial.print 함수를 호출하여 r_data 변수가 가진 값을 시리얼로 출력합니다.

03 [툴] 메뉴를 이용하여 보드, 포트를 다음과 같이 선택합니다.

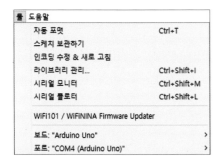

04 슬라이드 스위치를 USB 모드로 변경합니다.

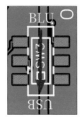

05 컴파일과 업로드를 수행합니다.

06 슬라이드 스위치를 BLU 모드로 변경합니다.

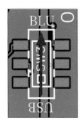

07 [시리얼 모니터] 버튼을 클릭합니다.

08 시리얼 통신 속도를 9600으로 맞추어 줍니다.

09 [Arduino Bluetooth RC Car] 앱을 실행시킨 후, RC카와 연결합니다.

10 다음과 같이 앱이 실행되는 것을 확인합니다.

11 다음 아이콘을 터치합니다.

12 다음과 같은 창이 뜹니다.

13 다음 메뉴를 선택해 RC카와 연결합니다.

🔍 Connect to car

14 다음과 같은 창이 뜹니다.

Select car's Bluetooth module.
Paired Devices

smartcar01
20:15:11:23:23:07

15 독자 여러분의 블루투스 모듈을 선택합니다. 필자의 경우엔 smartcar01입니다.

smartcar01
20:15:11:23:23:07

16 다음과 같이 좌측의 원이 초록색으로 표시되면 연결이 된 것입니다.

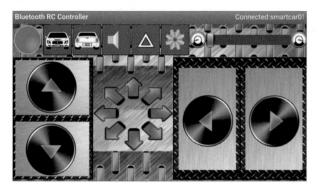

17 시리얼 모니터를 통해 안드로이드 앱으로부터 전달되는 문자를 확인합니다.

앱을 터치하지 않는 상태에서는 S문자가 반복적으로 전달됩니다. 실제로 50밀리 초에 약 2개의 데이터가 전달됩니다.

18 다음 아이콘들을 반복적으로 눌러봅니다. 해당 문자들이 전달되는 것을 시리얼 모니터를 통해 확인할 수 있습니다.

F와 L을 동시에 누르면 G문자가 전달됩니다.
F와 R을 동시에 누르면 I문자가 전달됩니다.
B와 L을 동시에 누르면 H문자가 전달됩니다.
B와 R을 동시에 누르면 J문자가 전달됩니다.

반복 문자 거르기

앞의 예제는 문자가 반복되어 입력되었습니다. 여기서는 반복되는 문자를 거르기 위한 예제를 작성해 보도록 합니다.

01 [새 파일]을 하나 생성한 후, _07bluetooth_remote_filter_test로 저장합니다.

02 다음과 같이 예제를 작성합니다.

_07bluetooth_remote_filter_test

```
01    void setup() {
02        Serial.begin(9600);
03    }
04
05    char remote_input = 's';
06
07    void loop() {
08        if(Serial.available()) {
09            char r_data = Serial.read();
10
11            if(r_data != remote_input) {
12                remote_input = r_data;
13
14                Serial.print(remote_input);
15            }
16        }
17    }
```

05 : remote_input 변수를 선언합니다. remote_input 변수는 한 문자를 담을 수 있는 변수로 시리얼 또는 블루투스를 통해 사용자가 입력한 문자를 저장하는 역할을 합니다. 여기서는 정지를 의미하는 's'로 초기화합니다.

11 : 새로 입력받은 r_data 값이 remote_input 값과 다를 때만

12 : remote_input 값을 r_data 값으로 변경합니다.

03 [툴] 메뉴를 이용하여 보드, 포트를 다음과 같이 선택합니다.

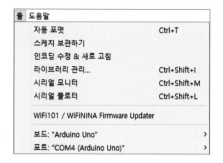

04 슬라이드 스위치를 USB 모드로 변경합니다.

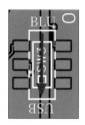

05 컴파일과 업로드를 수행합니다.

06 슬라이드 스위치를 BLU 모드로 변경합니다.

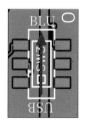

07 [시리얼 모니터] 버튼을 클릭합니다.

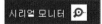

08 시리얼 통신 속도를 9600으로 맞추어 줍니다.

09 [Arduino Bluetooth RC Car] 앱을 실행시킨 후, RC카와 연결합니다.

10 시리얼 모니터를 통해 안드로이드 앱으로부터 전달되는 문자를 확인합니다. 문자가 반복적으로 오지 않는 것을 확인합니다.

03-5 원격 주행 조향 제어 기능 추가하기

이제 프로젝트에 안드로이드 앱으로부터 받은 데이터를 이용하여 모터를 제어하는 부분을 추가해 보도록 합니다.

01 project_remote_rc_car_2를 project_remote_rc_car_3으로 저장한 후, 실습을 진행합니다.

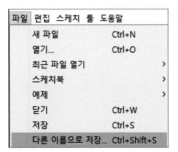

※ 제공되는 소스를 사용하여 실습할수도 있습니다.

02 블루투스 통신 입력을 처리하기 위해 다음과 같이 예제를 수정합니다.

```
project_remote_rc_car_3
29
30      enum {
31              GOFORWARD = 'f',
32              GOBACKWARD = 'b',
33              TURNLEFT = 'l',
34              TURNRIGHT = 'r',
35              STOP = 's',
36              GOFORWARDLEFT = 'g',
```

```
37              GOFORWARDRIGHT = 'i',
38              GOBACKWARDLEFT = 'h',
39              GOBACKWARDRIGHT = 'j',
40        }; /*SERIAL*/
41
42        enum {
43              GOFORWARDBLUETOOTH = 'F',
44              GOBACKWARDBLUETOOTH = 'B',
45              TURNLEFTBLUETOOTH = 'L',
46              TURNRIGHTBLUETOOTH = 'R',
47              STOPBLUETOOTH = 'S',
48              GOFORWARDLEFTBLUETOOTH = 'G',
49              GOFORWARDRIGHTBLUETOOTH = 'I',
50              GOBACKWARDLEFTBLUETOOTH = 'H',
51              GOBACKWARDRIGHTBLUETOOTH = 'J',
52        }; /*BLUETOOTH*/
```

42~52 : enum을 이용하여 상수 집합을 만들고 각 상수에 이름을 붙여줍니다. enum은 상수 집합을 만들고 각 상수에 이름을 붙여주는 방법이며, 코드에 대한 가독성을 높여주기 위해 사용합니다. 여기서는 블루투스를 통해 안드로이드 앱으로부터 입력된 문자에 이름을 붙여주고 있습니다.

43 : 'F' 문자의 이름을 GOFORWARDBLUETOOTH로 정의합니다.

44 : 'B' 문자의 이름을 GOBACKWARDBLUETOOTH로 정의합니다.

45 : 'L' 문자의 이름을 TURNLEFTBLUETOOTH로 정의합니다.

46 : 'R' 문자의 이름을 TURNRIGHTBLUETOOTH로 정의합니다.

47 : 'S' 문자의 이름을 STOPBLUETOOTH으로 정의합니다.

48 : 'G' 문자의 이름을 GOFORWARDLEFTBLUETOOTH로 정의합니다.

49 : 'I' 문자의 이름을 GOFORWARDRIGHTBLUETOOTH로 정의합니다.

50 : 'H' 문자의 이름을 GOBACKWARDLEFTBLUETOOTH로 정의합니다.

51 : 'J' 문자의 이름을 GOBACKWARDRIGHTBLUETOOTH로 정의합니다.

03 check_remote_input 함수를 다음과 같이 수정합니다.

```
22
23        void check_remote_input() {
24              if(Serial.available()) {
25                    char r_data = Serial.read();
26
27                    if(r_data != remote_input) {
28                          remote_input = r_data;
29                          remote_input_changed =true;
30                    }
31              }
32        }
```

27 : 새로 입력받은 r_data 값이 remote_input 값과 다를 때만

28 : remote_input 값을 r_data 값으로 변경합니다.

04 distribute_remote_input 함수를 다음과 같이 수정합니다.

```
60
61      void distribute_remote_input() {
62              if(remote_input_changed) {
63                      remote_input_changed =false;
64
65                      // 대문자를 소문자로 변경
66                      if(remote_input == GOFORWARDBLUETOOTH ||
67                      remote_input == GOBACKWARDBLUETOOTH ||
68                      remote_input == TURNLEFTBLUETOOTH ||
69                      remote_input == TURNRIGHTBLUETOOTH ||
70                      remote_input == STOPBLUETOOTH ||
71                      remote_input == GOFORWARDLEFTBLUETOOTH ||
72                      remote_input == GOFORWARDRIGHTBLUETOOTH ||
73                      remote_input == GOBACKWARDLEFTBLUETOOTH ||
74                      remote_input == GOBACKWARDRIGHTBLUETOOTH) {
75                              remote_input = remote_input - 'A' + 'a';
76                      }
77
78                      if(remote_input == GOFORWARD ||
79                      remote_input == GOBACKWARD ||
80                      remote_input == TURNLEFT ||
81                      remote_input == TURNRIGHT ||
82                      remote_input == STOP ||
83                      remote_input == GOFORWARDLEFT ||
84                      remote_input == GOFORWARDRIGHT ||
85                      remote_input == GOBACKWARDLEFT ||
86                      remote_input == GOBACKWARDRIGHT) {
87                              driving_action = remote_input;
88                              driving_action_changed =true;
89                      }
90              }
91      }
```

블루투스를 통해 안드로이드 앱으로부터 전달된 입력은 대문자이므로 이것을 소문자로 변경해 줍니다.

66: remote_input 값이 GOFORWARDBLUETOOTH 또는

67: remote_input 값이 GOBACKWARDBLUETOOTH 또는

68: remote_input 값이 TURNLEFTBLUETOOTH 또는

69: remote_input 값이 TURNRIGHTBLUETOOTH 또는

70: remote_input 값이 STOPBLUETOOTH 또는

71: remote_input 값이 GOFORWARDLEFTBLUETOOTH 또는

72: remote_input 값이 GOFORWARDRIGHTBLUETOOTH 또는

73: remote_input 값이 GOBACKWARDLEFTBLUETOOTH 또는

74: remote_input 값이 GOBACKWARDRIGHTBLUETOOTH 이면

75: remote_input 값을 소문자로 변경해 줍니다. 대문자를 소문자로 변경하는 원리는 문자 표현에 대한 ASCII 문자표를 통해 이해할 수 있습니다.

05 [툴] 메뉴를 이용하여 보드, 포트를 다음과 같이 선택합니다.

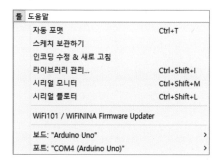

06 슬라이드 스위치를 USB 모드로 변경합니다.

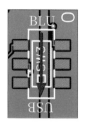

07 컴파일과 업로드를 수행합니다.

08 슬라이드 스위치를 BLU 모드로 변경합니다.

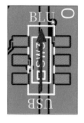

09 안드로이드 앱을 구동시킵니다.

안드로이드 앱을 통해 F, B, L, R, S, G, I, H, J 문자를 보내면서 모터의 동작을 테스트합니다.

03-6 주행 속도 조절 기능 추가하기

여기서는 RC카의 주행 속도를 조절할 수 있는 기능을 추가해 보도록 합니다.

01 project_remote_rc_car_3을 project_remote_rc_car_4로 저장한 후, 실습을 진행합니다.

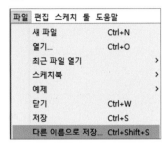

※ 제공되는 소스를 사용하여 실습할수도 있습니다.

02 다음과 같이 예제를 수정합니다. 주행 속도 조절을 위한 enum 상수 집합을 추가합니다.

project_remote_rc_car_4

```
57
58      enum {
59              SPEED_0 = '0',
60              SPEED_1 = '1',
61              SPEED_2 = '2',
62              SPEED_3 = '3',
63              SPEED_4 = '4',
64              SPEED_5 = '5',
65              SPEED_6 = '6',
66              SPEED_7 = '7',
67              SPEED_8 = '8',
68              SPEED_9 = '9',
69              SPEED_10 = 'q',
70      }; /*SPEED*/
```

58~70 : enum을 이용하여 속도에 대한 상수 집합을 만들고 각 상수에 이름을 붙여줍니다.
59   : '0' 문자의 이름을 SPEED_0로 정의합니다.
60   : '1' 문자의 이름을 SPEED_1로 정의합니다.
61   : '2' 문자의 이름을 SPEED_2로 정의합니다.
62   : '3' 문자의 이름을 SPEED_3로 정의합니다.
63   : '4' 문자의 이름을 SPEED_4로 정의합니다.
64   : '5' 문자의 이름을 SPEED_5로 정의합니다.
65   : '6' 문자의 이름을 SPEED_6로 정의합니다.
66   : '7' 문자의 이름을 SPEED_7로 정의합니다.
67   : '8' 문자의 이름을 SPEED_8로 정의합니다.
68   : '9' 문자의 이름을 SPEED_9로 정의합니다.
69   : 'q' 문자의 이름을 SPEED_10로 정의합니다.

03 계속해서 다음과 같이 예제를 수정합니다.

```
project_remote_rc_car_4
071
072     #define MAX_SPEED 255
073     #define MIN_SPEED 0
074
075     char driving_action = STOP;
076     bool driving_action_changed =false;
077
078     char driving_speed_input = SPEED_0;
079     int driving_speed = MIN_SPEED;
080     bool driving_speed_changed =false;
081
082     void distribute_remote_input() {
083             if(remote_input_changed) {
084                     remote_input_changed =false;
085
086                     // 대문자를 소문자로 변경
087                     if(remote_input == GOFORWARDBLUETOOTH ||
088                     remote_input == GOBACKWARDBLUETOOTH ||
089                     remote_input == TURNLEFTBLUETOOTH ||
090                     remote_input == TURNRIGHTBLUETOOTH ||
091                     remote_input == STOPBLUETOOTH ||
092                     remote_input == GOFORWARDLEFTBLUETOOTH ||
093                     remote_input == GOFORWARDRIGHTBLUETOOTH ||
094                     remote_input == GOBACKWARDLEFTBLUETOOTH ||
095                     remote_input == GOBACKWARDRIGHTBLUETOOTH) {
096                             remote_input = remote_input -'A'+'a';
097                     }
098
099                     if(remote_input == GOFORWARD ||
100                     remote_input == GOBACKWARD ||
101                     remote_input == TURNLEFT ||
102                     remote_input == TURNRIGHT ||
103                     remote_input == STOP ||
104                     remote_input == GOFORWARDLEFT ||
105                     remote_input == GOFORWARDRIGHT ||
106                     remote_input == GOBACKWARDLEFT ||
107                     remote_input == GOBACKWARDRIGHT) {
108                             driving_action = remote_input;
109                             driving_action_changed =true;
110                     } else if(remote_input == SPEED_0 ||
111                     remote_input == SPEED_1 ||
112                     remote_input == SPEED_2 ||
```

```
113                    remote_input == SPEED_3 ||
114                    remote_input == SPEED_4 ||
115                    remote_input == SPEED_5 ||
116                    remote_input == SPEED_6 ||
117                    remote_input == SPEED_7 ||
118                    remote_input == SPEED_8 ||
119                    remote_input == SPEED_9 ||
120                    remote_input == SPEED_10) {
121                            driving_speed_input = remote_input;
122                            driving_speed_changed =true;
123                    }
124            }
125    }
```

078 : driving_speed 변수를 선언한 후, SPEED_0 값으로 초기화합니다. driving_speed 변수는 한 문자를 담을 수 있는 변수로 RC카에 대한 속도 상태를 저장할 수 있는 변수입니다.

080 : driving_speed_changed 변수를 선언한 후, false로 초기화합니다. driving_speed_changed 변수는 true나 false 값을 저장할 수 있는 변수로 RC카에 대한 속도 상태가 변경될 경우, 변경되었다는 것을 알기기 위해 사용됩니다.

110 : remote_input 값이 SPEED_0 또는

111 : remote_input 값이 SPEED_1 또는

112 : remote_input 값이 SPEED_2 또는

113 : remote_input 값이 SPEED_3 또는

114 : remote_input 값이 SPEED_4 또는

115 : remote_input 값이 SPEED_5 또는

116 : remote_input 값이 SPEED_6 또는

117 : remote_input 값이 SPEED_7 또는

118 : remote_input 값이 SPEED_8 또는

119 : remote_input 값이 SPEED_9 또는

120 : remote_input 값이 SPEED_10 이면

121 : driving_speed 값을 remote_input 값으로 변경하고,

122 : driving_speed_changed 값을 true로 변경하여 driving_speed 값이 변경되었다는 것을 알립니다.

04 계속해서 다음과 같이 예제를 수정합니다. motor_loop 함수를 수정해 줍니다.

wheel_control

```
34
35     void motor_loop() {
36             process_driving_action();
37             process_driving_speed();
38     }
```

37 : process_driving_speed 함수를 호출하여 주행 속도 조절을 처리합니다. process_driving_speed 함수는 바로 뒤에서 정의해 줍니다.

05 계속해서 다음과 같이 예제를 수정합니다. process_driving_speed 함수를 추가해 줍니다.

```
wheel_control
151
152     void process_driving_speed() {
153             if(driving_speed_changed) {
154                     driving_speed_changed =false;
155
156                     change_driving_speed();
157             }
158     }
```

152~158 : process_driving_speed 함수를 정의합니다.

153 : driving_speed_changed 값을 확인하여 주행 속도가 변경된 것을 확인합니다.

154 : driving_speed_changed 값을 false로 변경하여 153~157의 재수행을 멈춥니다.

156 : change_driving_speed 함수를 호출하여 주행 속도를 변경합니다.

change_driving_speed 함수는 바로 뒤에서 정의해 줍니다.

06 계속해서 다음과 같이 예제를 수정합니다. change_driving_speed 함수를 추가해 줍니다.

```
wheel_control
159
160     void change_driving_speed() {
161             int clac_speed = driving_speed_input;
162             if(clac_speed != SPEED_10) clac_speed -= SPEED_0;
163             else clac_speed =10;
164
165             driving_speed = clac_speed *(MAX_SPEED /10.0);
166
167             driving_action_changed =true;
168     }
```

160~168 : change_driving_speed 함수를 정의합니다.

161 : calc_speed 변수를 선언한 후, driving_speed_input 값을 대입합니다.

162 : calc_speed 변수값이 SPEED_10이 아닐 경우에는 SPEED_0 값을 빼서 정수화합니다. 이 경우 SPEED_0는 0, SPEED_1은 1, ..., SPEED_9는 9의 정수값을 갖게 됩니다.

163 : calc_speed 변수값이 SPEED_10일 경우에는 10으로 정수화합니다.

165 : driving_speed 변수 값을 calc_speed 변수 값에 MAX_SPEED 값을 10.0으로 나눈 값을 곱해 대입해 줍니다.

167 : driving_action_changed 값을 true로 변경하여 driving_speed 값이 변경되었다는 것을 알립니다.

07 계속해서 다음과 같이 예제를 수정합니다. go_forward 함수를 수정합니다.

```
wheel_control
65
66    void go_forward() {
67            // 전진
68            // 왼쪽 전진
69            digitalWrite(DIRFL, HIGH);
70            analogWrite(PWMFL, MAX_SPEED - driving_speed);
71            digitalWrite(DIRBL, HIGH);
72            analogWrite(PWMBL, MAX_SPEED - driving_speed);
73            // 오른쪽 전진
74            digitalWrite(DIRFR, HIGH);
75            analogWrite(PWMFR, MAX_SPEED - driving_speed);
76            digitalWrite(DIRBR, HIGH);
77            analogWrite(PWMBR, MAX_SPEED - driving_speed);
78    }
```

70 : PWMFL의 속도를 (MAX_SPEED - driving_speed) 값으로 설정합니다.
72 : PWMBL의 속도를 (MAX_SPEED - driving_speed) 값으로 설정합니다.
75 : PWMFR의 속도를 (MAX_SPEED - driving_speed) 값으로 설정합니다.
77 : PWMBR의 속도를 (MAX_SPEED - driving_speed) 값으로 설정합니다.

08 계속해서 다음과 같이 예제를 수정합니다. go_backward 함수를 수정합니다.

```
wheel_control
79
80    void go_backward() {
81            // 후진
82            // 왼쪽 후진
83            digitalWrite(DIRFL, LOW);
84            analogWrite(PWMFL, MIN_SPEED + driving_speed);
85            digitalWrite(DIRBL, LOW);
86            analogWrite(PWMBL, MIN_SPEED + driving_speed);
87            // 오른쪽 후진
88            digitalWrite(DIRFR, LOW);
89            analogWrite(PWMFR, MIN_SPEED + driving_speed);
90            digitalWrite(DIRBR, LOW);
91            analogWrite(PWMBR, MIN_SPEED + driving_speed);
92    }
```

84 : PWMFL의 속도를 (MIN_SPEED + driving_speed) 값으로 설정합니다.
86 : PWMBL의 속도를 (MIN_SPEED + driving_speed) 값으로 설정합니다.
89 : PWMFR의 속도를 (MIN_SPEED + driving_speed) 값으로 설정합니다.
91 : PWMBR의 속도를 (MIN_SPEED + driving_speed) 값으로 설정합니다.

09 계속해서 다음과 같이 예제를 수정합니다. turn_left 함수를 수정합니다.

```
wheel_control
093
094     void turn_left() {
095             // 좌회전
096             // 왼쪽 후진
097             digitalWrite(DIRFL, LOW);
098             analogWrite(PWMFL, MIN_SPEED + driving_speed);
099             digitalWrite(DIRBL, LOW);
100             analogWrite(PWMBL, MIN_SPEED + driving_speed);
101             // 오른쪽 전진
102             digitalWrite(DIRFR, HIGH);
103             analogWrite(PWMFR, MAX_SPEED - driving_speed);
104             digitalWrite(DIRBR, HIGH);
105             analogWrite(PWMBR, MAX_SPEED - driving_speed);
106     }
```

098 : PWMFL의 속도를 (MIN_SPEED + driving_speed) 값으로 설정합니다.
100 : PWMBL의 속도를 (MIN_SPEED + driving_speed) 값으로 설정합니다.
103 : PWMFR의 속도를 (MAX_SPEED - driving_speed) 값으로 설정합니다.
105 : PWMBR의 속도를 (MAX_SPEED - driving_speed) 값으로 설정합니다.

10 계속해서 다음과 같이 예제를 수정합니다. turn_right 함수를 수정합니다.

```
wheel_control
107
108     void turn_right() {
109             // 우회전
110             // 왼쪽 전진
111             digitalWrite(DIRFL, HIGH);
112             analogWrite(PWMFL, MAX_SPEED - driving_speed);
113             digitalWrite(DIRBL, HIGH);
114             analogWrite(PWMBL, MAX_SPEED - driving_speed);
115             // 오른쪽 후진
116             digitalWrite(DIRFR, LOW);
117             analogWrite(PWMFR, MIN_SPEED + driving_speed);
118             digitalWrite(DIRBR, LOW);
119             analogWrite(PWMBR, MIN_SPEED + driving_speed);
120     }
```

112 : PWMFL의 속도를 (MAX_SPEED - driving_speed) 값으로 설정합니다.
114 : PWMBL의 속도를 (MAX_SPEED - driving_speed) 값으로 설정합니다.
117 : PWMFR의 속도를 (MIN_SPEED + driving_speed) 값으로 설정합니다.
119 : PWMBR의 속도를 (MIN_SPEED + driving_speed) 값으로 설정합니다.

11 계속해서 다음과 같이 예제를 수정합니다. stop_driving 함수를 수정합니다.

```
wheel_control

121
122     void stop_driving() {
123             // 정지
124             // 왼쪽 정지
125             digitalWrite(DIRFL, LOW);
126             analogWrite(PWMFL, MIN_SPEED );
127             digitalWrite(DIRBL, LOW);
128             analogWrite(PWMBL, MIN_SPEED );
129             // 오른쪽 정지
130             digitalWrite(DIRFR, LOW);
131             analogWrite(PWMFR, MIN_SPEED );
132             digitalWrite(DIRBR, LOW);
133             analogWrite(PWMBR, MIN_SPEED );
134     }
```

126 : PWMFL의 속도를 MIN_SPEED 값으로 설정합니다.
128 : PWMBL의 속도를 MIN_SPEED 값으로 설정합니다.
131 : PWMFR의 속도를 MIN_SPEED 값으로 설정합니다.
133 : PWMBR의 속도를 MIN_SPEED 값으로 설정합니다.

12 [툴] 메뉴를 이용하여 보드, 포트를 다음과 같이 선택합니다.

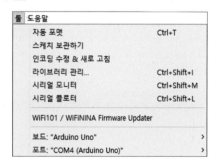

13 슬라이드 스위치를 USB 모드로 변경합니다.

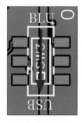

14 컴파일과 업로드를 수행합니다.

15 슬라이드 스위치를 BLU 모드로 변경합니다.

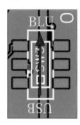

16 안드로이드 앱을 구동시킵니다.

안드로이드 앱을 통해 0~9, q, F, B, L, R, S, G, I, H, J 문자를 보내면서 모터의 동작을 테스트합니다.

Arduino
RCcar

이 장에서는 앞에서 만들었던 RC카에 전조등, 후미등 용 LED, 빛 감지 센서, 부저, 서보 모터, 초음파 센서를 부착해 어두워지면 전조등 후미등을 켜는 기능, 경적 기능, 물체를 감지해 정지하거나 우회하는 기능 등을 추가해 보도록 합니다.

Chapter 04

자율주행 RC카 프로젝트

01 전조등, 후미등
제어 기능 추가하기

여기서는 RC카 쉴드에 부착된 전조등, 후미등 제어 기능을 추가해 보도록 합니다. RC카 쉴드에는 앞뒤에 각각 2개의 LED가 부착되어 있습니다.

01-1 LED 살펴보기

LED는 크기나 색깔, 동작 전압에 따라 여러 가지 형태가 존재합니다.

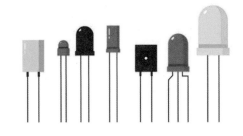

LED의 모양은 다음과 같으며, 긴 핀과 짧은 핀을 갖습니다.

▲ LDD

LED는 방향성이 있습니다. 즉, 회로에 연결할 때 방향을 고려해야 합니다. 긴 핀을 전원의 양극 (VCC, 5V), 짧은 핀을 음극(GND, 0V)으로 연결합니다. 반대로 연결할 경우 전류가 흐르지 못해 LED가 켜지지 않습니다.

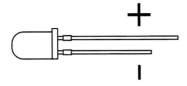

▲ LED 구조

LED를 나타내는 기호는 다음과 같습니다. Anode(+)에서 Cathode(−)로 전류가 흐릅니다.

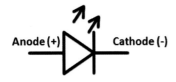

▲ LED 기호 표시

LED는 저항과 직렬로 연결해야 하며, 아두이노 보드에서는 5V와 0V에 연결해 줍니다. 5V 전압을 사용할 경우 저항은 보통 220 Ohm 또는 330 Ohm을 사용합니다.

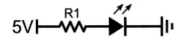

▲ LED와 저항 연결 표시

01-2 저항 살펴보기

아래 그림의 저항은 220 Ohm 저항입니다. 저항은 전류의 양을 조절하는 역할을 합니다. 저항은 방향성이 없기 때문에 VCC와 GND(0V)에 어떤 방향으로도 연결할 수 있습니다.

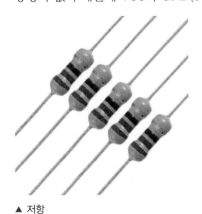

▲ 저항

다음은 저항 기호를 나타냅니다.

▲ 저항 기호

❶ 저항 읽는 법

저항 값은 저항에 표시된 띠를 보고 확인할 수 있습니다. 다음 그림을 이용하면 저항 값을 알 수 있습니다. 저항은 4~5개의 색상 띠가 표시되어 있고, 그 띠색을 보고 저항 값을 읽을 수 있습니다. 저항 띠색 반대쪽에 금색 또는 은색 띠가 표시되어 있는데 금색은 5%의 오차, 은색은 10%의 오차가 있다는 의미입니다.

색	값
검정색	0
갈색	1
빨강색	2
주황색	3
노란색	4
초록색	5
파란색	6
보라색	7
회색	8
흰색	9
은색	±10%
금색	±5%

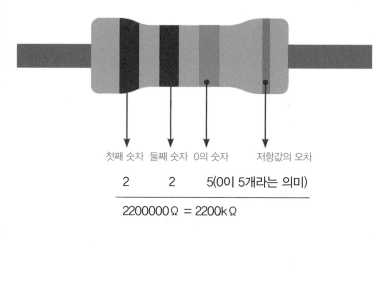

첫째 숫자   둘째 숫자   0의 숫자   저항값의 오차

2   2   5(0이 5개라는 의미)

$$2200000\,\Omega = 2200k\,\Omega$$

❷ 자주 사용하는 저항

다음은 이 책에서 주로 사용하는 저항의 종류입니다.

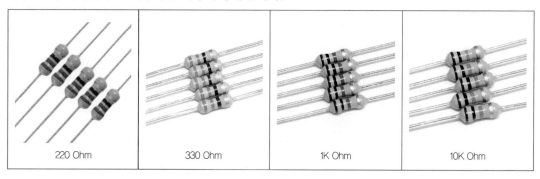

| 220 Ohm | 330 Ohm | 1K Ohm | 10K Ohm |

01-3 브레드 보드

다음은 브레드 보드 그림입니다. 브레드
보드를 사용하면 납땜을 하지 않고, 시험
용 회로를 구성할 수 있습니다. 일반적으
로 빨간 선을 VCC, 파란 선을 GND에 연
결합니다.

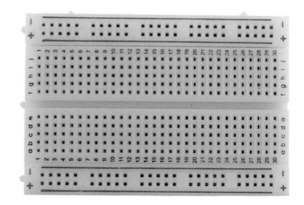

브레드 보드의 내부 구조는 다음과 같으며, 전선의 집합으로 이해할 수 있습니다.

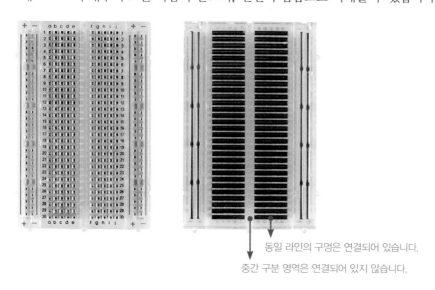

동일 라인의 구멍은 연결되어 있습니다.
중간 구분 영역은 연결되어 있지 않습니다.

01-4 RC카 전조등 후미등 LED 살펴보기

다음은 아두이노 RC카 쉴드 상에 있는 전조등, 후미등 입니다.

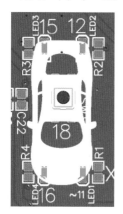

전조등은 아두이노의 ~11, 16번 핀을 이용하여 제어할 수 있으며, 후미등은 아
두이노의 12, 15번 핀을 이용하여 제어할 수 있습니다.

01-5 RC카 LED 점등 소등 테스트 코딩하기

여기서는 아두이노 스케치를 이용하여 전조등, 후미등에 대한 점등, 소등 테스트 코딩을 수행하도록 합니다.

01 [새 파일]을 하나 생성한 후, _08light_test로 저장합니다.

02 다음과 같이 예제를 작성합니다.

```
_08light_test
01    const int front_left_pin =11;
02    const int front_right_pin =16; //A2
03    const int rear_left_pin =12;
04    const int rear_right_pin =15; //A1
05
06    void setup() {
07            pinMode(front_left_pin, OUTPUT);
08            pinMode(front_right_pin, OUTPUT);
09            pinMode(rear_left_pin, OUTPUT);
10            pinMode(rear_right_pin, OUTPUT);
11
12            digitalWrite(front_left_pin, LOW);
13            digitalWrite(front_right_pin, LOW);
14            digitalWrite(rear_left_pin, LOW);
15            digitalWrite(rear_right_pin, LOW);
16    }
17
18    void loop() {
19            digitalWrite(front_left_pin, HIGH);
20            digitalWrite(front_right_pin, HIGH);
21            digitalWrite(rear_left_pin, HIGH);
22            digitalWrite(rear_right_pin, HIGH);
23
24            delay(1000);
25
26            digitalWrite(front_left_pin, LOW);
27            digitalWrite(front_right_pin, LOW);
28            digitalWrite(rear_left_pin, LOW);
29            digitalWrite(rear_right_pin, LOW);
30
31            delay(1000);
32    }
```

01   : front_left_pin 상수에 2번 핀을 할당합니다. front_left_pin 상수는 왼쪽 전조등 조절에 사용됩니다.

02   : front_right_pin 상수에 19번 핀을 할당합니다. front_right_pin 상수는 오른쪽 전조등 조절에 사용됩니다. 19번 핀은 A5 아날로그 입력 핀을 디지털 핀으로 사용할 때 사용하는 핀 번호입니다.

03   : rear_left_pin 상수에 3번 핀을 할당합니다. rear_left_pin 상수는 왼쪽 후미등 조절에 사용됩니다.

04   : rear_right_pin 상수에 18번 핀을 할당합니다. rear_right_pin 상수는 오른쪽 후미등 조절에 사용됩니다. 18번 핀은 A4 아날로그 입력 핀을 디지털 핀으로 사용할 때 사용하는 핀 번호입니다.

06~16 : setup 함수를 정의합니다.

07   : front_left_pin을 출력으로 설정합니다.

08   : front_right_pin을 출력으로 설정합니다.

09   : rear_left_pin을 출력으로 설정합니다.

10   : rear_right_pin을 출력으로 설정합니다.

12   : front_left_pin을 LOW 값으로 설정하여 왼쪽 전조등을 끕니다.

13   : front_right_pin을 LOW 값으로 설정하여 오른쪽 전조등을 끕니다.

14   : rear_left_pin을 LOW 값으로 설정하여 왼쪽 후미등을 끕니다.

15   : rear_right_pin을 LOW 값으로 설정하여 오른쪽 후미등을 끕니다.

18~32 : loop 함수를 정의합니다.

19   : front_left_pin을 HIGH 값으로 설정하여 왼쪽 전조등을 켭니다.

20   : front_right_pin을 HIGH 값으로 설정하여 오른쪽 전조등을 켭니다.

21   : rear_left_pin을 HIGH 값으로 설정하여 왼쪽 후미등을 켭니다.

22   : rear_right_pin을 HIGH 값으로 설정하여 오른쪽 후미등을 켭니다.

24   : 1000 밀리초(=1초)간 지연을 줍니다.

26   : front_left_pin을 LOW 값으로 설정하여 왼쪽 전조등을 끕니다.

27   : front_right_pin을 LOW 값으로 설정하여 오른쪽 전조등을 끕니다.

28   : rear_left_pin을 LOW 값으로 설정하여 왼쪽 후미등을 끕니다.

29   : rear_right_pin을 LOW 값으로 설정하여 오른쪽 후미등을 끕니다.

31   : 1000 밀리초(=1초)간 지연을 줍니다.

※ 아날로그 입력 핀을 디지털 입출력 핀으로 사용하고자 할 경우엔 다른 디지털 핀들과 같은 방식으로 사용하며 핀 번호는 다음과 같습니다.
A0는 핀 14번으로 사용할 수 있습니다.
A1는 핀 15번으로 사용할 수 있습니다.
A2는 핀 16번으로 사용할 수 있습니다.
A3는 핀 17번으로 사용할 수 있습니다.
A4는 핀 18번으로 사용할 수 있습니다.
A5는 핀 19번으로 사용할 수 있습니다.

03 [툴] 메뉴를 이용하여 보드, 포트를 다음과 같이 선택합니다.

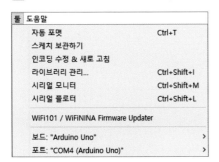

04 슬라이드 스위치를 USB 모드로 변경합니다.

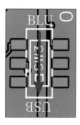

05 컴파일과 업로드를 수행합니다.

06 LED가 깜빡이는 것을 확인합니다.

07 loop 함수를 다음과 같이 수정합니다.

_08light_test_2

```
18    void loop() {
19            digitalWrite(front_left_pin, HIGH);
20            delay(1000);
21            digitalWrite(front_right_pin, HIGH);
22            delay(1000);
23            digitalWrite(rear_right_pin, HIGH);
24            delay(1000);
25            digitalWrite(rear_left_pin, HIGH);
26            delay(1000);
27
28            digitalWrite(front_left_pin, LOW);
29            digitalWrite(front_right_pin, LOW);
30            digitalWrite(rear_left_pin, LOW);
31            digitalWrite(rear_right_pin, LOW);
32            delay(1000);
33    }
```

19 : front_left_pin을 HIGH 값으로 설정하여 왼쪽 전조등을 켭니다.

20 : 1000 밀리초(=1초)간 지연을 줍니다.

21 : front_right_pin을 HIGH 값으로 설정하여 오른쪽 전조등을 켭니다.

22 : 1000 밀리초(=1초)간 지연을 줍니다.

23 : rear_left_pin을 HIGH 값으로 설정하여 왼쪽 후미등을 켭니다.

24 : 1000 밀리초(=1초)간 지연을 줍니다.

25 : rear_right_pin을 HIGH 값으로 설정하여 오른쪽 후미등을 켭니다.

26 : 1000 밀리초(=1초)간 지연을 줍니다.

28 : front_left_pin을 LOW 값으로 설정하여 왼쪽 전조등을 끕니다.

29 : front_right_pin을 LOW 값으로 설정하여 오른쪽 전조등을 끕니다.

30 : rear_left_pin을 LOW 값으로 설정하여 왼쪽 후미등을 끕니다.

31 : rear_right_pin을 LOW 값으로 설정하여 오른쪽 후미등을 끕니다.

32 : 1000 밀리초(=1초)간 지연을 줍니다.

08 [툴] 메뉴를 이용하여 보드, 포트를 다음과 같이 선택합니다.

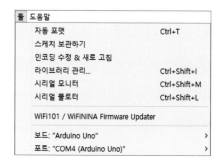

09 슬라이드 스위치를 USB 모드로 변경합니다.

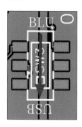

10 컴파일과 업로드를 수행합니다.

11 슬라이드 스위치를 BLU 모드로 변경합니다.

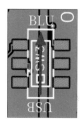

12 LED가 깜빡이는 것을 확인합니다.

01-6 점등 소등 제어 기능 추가하기

여기서는 프로젝트에 안드로이드 앱을 이용한 전조등, 후미등에 대해 점등, 소등 제어 기능을 추가해 보도록 합니다.

전조등 후미등 개별 제어하기

여기서는 전조등, 후미등에 대한 개별 점등, 소등 제어 기능을 추가해 보도록 합니다.

01 project_remote_rc_car_4를 project_remote_rc_car_5로 저장한 후, 실습을 진행합니다.

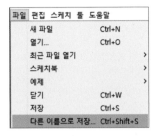

※ 제공되는 소스를 사용하여 실습할수도 있습니다.

02 다음과 같이 예제를 수정합니다.

```
project_remote_rc_car_5

01    void setup() {
02          remote_setup();
03          motor_setup();
04          light_setup();
05    }
06
07    void loop() {
08          remote_loop();
09          motor_loop();
10          light_loop();
11    }
```

04 : light_setup 함수를 호출하여 전조등과 후미등을 위한 LED 출력를 설정합니다. light_setup 함수는 바로 뒤에서 정의해 줍니다.

10 : light_loop 함수를 호출하여 전조등과 후미등에 대한 점등, 소등을 처리합니다. light_loop 함수는 바로 뒤에서 정의해줍니다.

03 LED 제어를 위해 light_control 파일을 하나 추가합니다. 다음과 같이 [새 탭] 메뉴를 선택합니다.

04 추가할 파일의 이름으로 light_control을 입력한 후, [확인] 버튼을 누릅니다.

새로운 파일을 위한 이름:	light_control	확인	취소

05 다음과 같이 light_control 파일이 추가된 것을 확인합니다.

project_remote_rc_car_5	light_control	wheel_control

06 다음과 같이 예제를 추가합니다.

light_control

```
01      const int front_left_pin =11;
02      const int front_right_pin =16; //A2
03      const int rear_left_pin =12;
04      const int rear_right_pin =15; //A1
05
06      void light_setup() {
07              pinMode(front_left_pin, OUTPUT);
08              pinMode(front_right_pin, OUTPUT);
09              pinMode(rear_left_pin, OUTPUT);
10              pinMode(rear_right_pin, OUTPUT);
11
12              digitalWrite(front_left_pin, LOW);
13              digitalWrite(front_right_pin, LOW);
14              digitalWrite(rear_left_pin, LOW);
15              digitalWrite(rear_right_pin, LOW);
16      }
17
18      void light_loop() {
19              process_light_onoff();
20      }
```

01 : front_left_pin 상수에 11번 핀을 할당합니다. front_left_pin 상수는 왼쪽 전조등 조절에 사용됩니다.

02 : front_right_pin 상수에 16번 핀을 할당합니다. front_right_pin 상수는 오른쪽 전조등 조절에 사용됩니다. 16번 핀은 A2 아날로그 입력 핀을 디지털 핀으로 사용할 때 사용하는 핀 번호입니다.

03 : rear_left_pin 상수에 12번 핀을 할당합니다. rear_left_pin 상수는 왼쪽 후미등 조절에 사용됩니다.

04 : rear_right_pin 상수에 15번 핀을 할당합니다. rear_right_pin 상수는 오른쪽 후미등 조절에 사용됩니다. 18번 핀은 A1 아날로그 입력 핀을 디지털 핀으로 사용할 때 사용하는 핀 번호입니다.

06~16 : light_setup 함수를 정의합니다.

07 : front_left_pin을 출력으로 설정합니다.

08 : front_right_pin을 출력으로 설정합니다.

09 : rear_left_pin을 출력으로 설정합니다.

10 : rear_right_pin을 출력으로 설정합니다.

12 : front_left_pin을 LOW 값으로 설정하여 왼쪽 전조등을 끕니다.

13　: front_right_pin을 LOW 값으로 설정하여 오른쪽 전조등을 끕니다.

14　: rear_left_pin을 LOW 값으로 설정하여 왼쪽 후미등을 끕니다.

15　: rear_right_pin을 LOW 값으로 설정하여 오른쪽 후미등을 끕니다.

18~20 : light_loop 함수를 정의합니다.

19　: process_light_onoff 함수를 호출하여 전조등과 후미등에 대한 점등과 소등을 처리합니다. process_light_onoff 함수는 바로 뒤에서 정의해 줍니다.

07 전조등 후미등에 대한 점등 소등 입력을 처리하기 위해 다음과 같이 예제를 수정합니다.

```
project_remote_rc_car_5
73
74        enum {
75                FRONTLIGHTON = 'W',
76                FRONTLIGHTOFF = 'w',
77                REARLIGHTON = 'U',
78                REARLIGHTOFF = 'u',
79        }; /*LIGHT*/
```

74~79 : enum을 이용하여 상수 집합을 만들고 각 상수에 이름을 붙여줍니다. enum은 상수 집합을 만들고 각 상수에 이름을 붙여주는 방법이며, 코드에 대한 가독성을 높여주기 위해 사용합니다. 여기서는 전조등과 후미등을 켜고 끄기위한 문자에 이름을 붙여주고 있습니다.

75　: 대문자 'W' 문자의 이름을 FRONTLIGHTON으로 정의합니다.

76　: 소문자 'w' 문자의 이름을 FRONTLIGHTOFF로 정의합니다.

77　: 대문자 'U' 문자의 이름을 REARLIGHTON으로 정의합니다.

78　: 소문자 'u' 문자의 이름을 REARLIGHTOFF로 정의합니다.

08 다음과 같이 예제를 수정합니다.

```
project_remote_rc_car_5
080
081       #define MAX_SPEED 255
082       #define MIN_SPEED 0
083
084       char driving_action = STOP;
085       bool driving_action_changed =false;
086
087       char driving_speed_input = SPEED_0;
088       int driving_speed = MIN_SPEED;
089       bool driving_speed_changed =false;
090
091       char light_onoff;
092       bool light_onoff_changed =false;
093
094       void distribute_remote_input() {
095               if(remote_input_changed) {
096                       remote_input_changed =false;
```

```
097
098                    // 대문자를 소문자로 변경
099                    if(remote_input == GOFORWARDBLUETOOTH ||
100                    remote_input == GOBACKWARDBLUETOOTH ||
101                    remote_input == TURNLEFTBLUETOOTH ||
102                    remote_input == TURNRIGHTBLUETOOTH ||
103                    remote_input == STOPBLUETOOTH ||
104                    remote_input == GOFORWARDLEFTBLUETOOTH ||
105                    remote_input == GOFORWARDRIGHTBLUETOOTH ||
106                    remote_input == GOBACKWARDLEFTBLUETOOTH ||
107                    remote_input == GOBACKWARDRIGHTBLUETOOTH) {
108                            remote_input = remote_input -'A'+'a';
109                    }
110
111                    if(remote_input == GOFORWARD ||
112                    remote_input == GOBACKWARD ||
113                    remote_input == TURNLEFT ||
114                    remote_input == TURNRIGHT ||
115                    remote_input == STOP ||
116                    remote_input == GOFORWARDLEFT ||
117                    remote_input == GOFORWARDRIGHT ||
118                    remote_input == GOBACKWARDLEFT ||
119                    remote_input == GOBACKWARDRIGHT) {
120                            driving_action = remote_input;
121                            driving_action_changed =true;
122                    } else if(remote_input == SPEED_0 ||
123                    remote_input == SPEED_1 ||
124                    remote_input == SPEED_2 ||
125                    remote_input == SPEED_3 ||
126                    remote_input == SPEED_4 ||
127                    remote_input == SPEED_5 ||
128                    remote_input == SPEED_6 ||
129                    remote_input == SPEED_7 ||
130                    remote_input == SPEED_8 ||
131                    remote_input == SPEED_9 ||
132                    remote_input == SPEED_10) {
133                            driving_speed_input = remote_input;
134                            driving_speed_changed =true;
135                    } else if(remote_input == FRONTLIGHTON ||
136                    remote_input == FRONTLIGHTOFF ||
137                    remote_input == REARLIGHTON ||
138                    remote_input == REARLIGHTOFF) {
139                            light_onoff = remote_input;
140                            light_onoff_changed =true;
141                    }
142            }
143    }
```

091 : light_onoff 변수를 선언합니다. light_onoff 변수는 한 문자를 담을 수 있는 변수로 전조등과 후미등의 점등과 소등 상태를 저장할 수 있는 변수입니다.

092 : light_onoff_changed 변수를 선언한 후, false로 초기화합니다. light_onoff_changed 변수는 true나 false 값을 저장할 수 있는 변수로 전조등과 후미등의 점등과 소등 상태가 변경될 경우, 변경되었다는 것을 알리기 위해 사용됩니다.

135 : remote_input 값이 FRONTLIGHTON 또는

136 : remote_input 값이 FRONTLIGHTOFF 또는

137 : remote_input 값이 REARLIGHTON 또는

138 : remote_input 값이 REARLIGHTOFF 이면

139 : light_onoff 값을 remote_input 값으로 변경하고,

140 : light_onoff_changed 값을 true로 변경하여 light_onoff 값이 변경되었다는 것을 알립니다.

09 light_control 파일의 맨 마지막에 다음 루틴을 추가합니다.

```
light_control
21
22          void process_light_onoff() {
23                  if(light_onoff_changed ) {
24                          light_onoff_changed =false;
25
26                          if(light_onoff == FRONTLIGHTON) {
27                                  front_light_on();
28                          } else if(light_onoff == FRONTLIGHTOFF) {
29                                  front_light_off();
30                          } else if(light_onoff == REARLIGHTON) {
31                                  rear_light_on();
32                          } else if(light_onoff == REARLIGHTOFF) {
33                                  rear_light_off();
34                          }
35                  }
36          }
```

22~36 : process_light_onoff 함수를 정의합니다.

23 : light_onoff_changed 값을 확인하여 전조등과 후미등의 점등과 소등 상태가 변경된 것을 확인합니다.

24 : light_onoff_changed 값을 false로 변경하여 306~318의 재수행을 멈춥니다.

26 : light_onoff 값이 FRONTLIGHTON 이면

27 : front_light_on 함수를 호출하여 전조등을 켭니다. front_light_on 함수는 바로 뒤에서 정의해 줍니다.

28 : light_onoff 값이 FRONTLIGHTOFF 이면

29 : front_light_off 함수를 호출하여 전조등을 끕니다. front_light_off 함수는 바로 뒤에서 정의해 줍니다.

30 : light_onoff 값이 REARLIGHTON 이면

31 : rear_light_on 함수를 호출하여 후미등을 켭니다. rear_light_on 함수는 바로 뒤에서 정의해 줍니다.

32 : light_onoff 값이 REARLIGHTOFF 이면

33 : rear_light_off 함수를 호출하여 후미등을 끕니다. rear_light_off 함수는 바로 뒤에서 정의해 줍니다.

10 light_control 파일의 맨 마지막에 다음 루틴을 추가합니다.

```
light_control
37
38      void front_light_on() {
39              digitalWrite(front_left_pin, HIGH);
40              digitalWrite(front_right_pin, HIGH);
41      }
42
43      void front_light_off() {
44              digitalWrite(front_left_pin, LOW);
45              digitalWrite(front_right_pin, LOW);
46      }
47
48      void rear_light_on() {
49              digitalWrite(rear_left_pin, HIGH);
50              digitalWrite(rear_right_pin, HIGH);
51      }
52
53      void rear_light_off() {
54              digitalWrite(rear_left_pin, LOW);
55              digitalWrite(rear_right_pin, LOW);
56      }
```

38~41 : front_light_on 함수를 정의합니다.

39   : front_left_pin을 HIGH 값으로 설정하여 왼쪽 전조등을 켭니다.

40   : front_right_pin을 HIGH 값으로 설정하여 오른쪽 전조등을 켭니다.

43~46 : front_light_off 함수를 정의합니다.

44   : front_left_pin을 LOW 값으로 설정하여 왼쪽 전조등을 끕니다.

45   : front_right_pin을 LOW 값으로 설정하여 오른쪽 전조등을 끕니다.

48~51 : rear_light_on 함수를 정의합니다.

49   : rear_left_pin을 HIGH 값으로 설정하여 왼쪽 후미등을 켭니다.

50   : rear_right_pin을 HIGH 값으로 설정하여 오른쪽 후미등을 켭니다.

53~56 : rear_light_off 함수를 정의합니다.

55   : rear_left_pin을 LOW 값으로 설정하여 왼쪽 후미등을 끕니다.

56   : rear_right_pin을 LOW 값으로 설정하여 오른쪽 후미등을 끕니다.

11 [툴] 메뉴를 이용하여 보드, 포트를 다음과 같이 선택합니다.

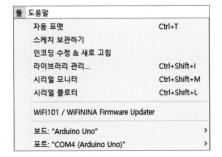

12 슬라이드 스위치를 USB 모드로 변경합니다.

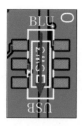

13 컴파일과 업로드를 수행합니다.

14 슬라이드 스위치를 BLU 모드로 변경합니다.

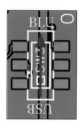

15 안드로이드 앱을 구동시킵니다.

16 안드로이드 앱을 통해 W, w, U, u 문자를 보내면서 전조등, 후미등의 동작을 테스트합니다.

전조등 후미등 동시 제어하기

여기서는 전조등, 후미등을 동시에 점등하고 소등하는 기능을 추가하도록 합니다.

01 project_remote_rc_car_5를 project_remote_rc_car_6으로 저장한 후, 실습을 진행합니다.

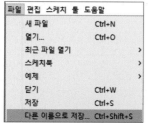

※ 제공되는 소스를 사용하여 실습할수도 있습니다.

02 다음과 같이 예제를 수정합니다.

```
project_remote_rc_car_6

73
74        enum {
75                FRONTLIGHTON ='W',
76                FRONTLIGHTOFF ='w',
77                REARLIGHTON ='U',
78                REARLIGHTOFF ='u',
79                ALLLIGHTON ='A',
80                ALLLIGHTOFF ='a',
81        }; /*LIGHT*/
```

79~81 : enum 상수 집합에 상수를 추가해줍니다. enum은 상수 집합을 만들고 각 상수에 이름을 붙여주는 방법이며, 코드에 대한 가독성을 높여주기 위해 사용합니다. 여기서는 전조등과 후미등을 켜고 끄기위한 문자에 이름을 붙여주고 있습니다.

79 : 대문자 'A' 문자의 이름을 ALLLIGHTON으로 정의합니다.

80 : 소문자 'a' 문자의 이름을 ALLLIGHTOFF로 정의합니다.

03 다음과 같이 예제를 수정합니다.

```
095
096        void distribute_remote_input() {
097                if(remote_input_changed) {
098                        remote_input_changed =false;
099
100                        // 대문자를 소문자로 변경
101                        if(remote_input == GOFORWARDBLUETOOTH ||
102                        remote_input == GOBACKWARDBLUETOOTH ||
103                        remote_input == TURNLEFTBLUETOOTH ||
104                        remote_input == TURNRIGHTBLUETOOTH ||
105                        remote_input == STOPBLUETOOTH ||
106                        remote_input == GOFORWARDLEFTBLUETOOTH ||
107                        remote_input == GOFORWARDRIGHTBLUETOOTH ||
108                        remote_input == GOBACKWARDLEFTBLUETOOTH ||
109                        remote_input == GOBACKWARDRIGHTBLUETOOTH) {
110                                remote_input = remote_input -'A'+'a';
111                        }
112
113                        if(remote_input == GOFORWARD ||
114                        remote_input == GOBACKWARD ||
115                        remote_input == TURNLEFT ||
116                        remote_input == TURNRIGHT ||
117                        remote_input == STOP ||
118                        remote_input == GOFORWARDLEFT ||
119                        remote_input == GOFORWARDRIGHT ||
120                        remote_input == GOBACKWARDLEFT ||
```

```
121                    remote_input == GOBACKWARDRIGHT) {
122                            driving_action = remote_input;
123                            driving_action_changed =true;
124                    } else if(remote_input == SPEED_0 ||
125                    remote_input == SPEED_1 ||
126                    remote_input == SPEED_2 ||
127                    remote_input == SPEED_3 ||
128                    remote_input == SPEED_4 ||
129                    remote_input == SPEED_5 ||
130                    remote_input == SPEED_6 ||
131                    remote_input == SPEED_7 ||
132                    remote_input == SPEED_8 ||
133                    remote_input == SPEED_9 ||
134                    remote_input == SPEED_10) {
135                            driving_speed_input = remote_input;
136                            driving_speed_changed =true;
137                    } else if(remote_input == FRONTLIGHTON ||
138                    remote_input == FRONTLIGHTOFF ||
139                    remote_input == REARLIGHTON ||
140                    remote_input == REARLIGHTOFF ||
141                    remote_input == ALLLIGHTON ||
142                    remote_input == ALLLIGHTOFF) {
143                            light_onoff = remote_input;
144                            light_onoff_changed =true;
145                    }
146            }
147    }
```

141 : remote_input 값이 ALLLIGHTON 또는
142 : remote_input 값이 ALLLIGHTOFF 이면
143 : light_onoff 값을 remote_input 값으로 변경하고,
144 : light_onoff_changed 값을 true로 변경하여 light_onoff 값이 변경되었다는 것을 알립니다.

04 다음과 같이 예제를 수정합니다.

light_control

```
21
22      void process_light_onoff() {
23              if(light_onoff_changed ) {
24                      light_onoff_changed =false;
25
26                      if(light_onoff == FRONTLIGHTON) {
27                              front_light_on();
28                      } else if(light_onoff == FRONTLIGHTOFF) {
29                              front_light_off();
30                      } else if(light_onoff == REARLIGHTON) {
31                              rear_light_on();
```

```
32                        } else if(light_onoff == REARLIGHTOFF) {
33                                rear_light_off();
34                        } else if(light_onoff == ALLLIGHTON) {
35                                all_light_on();
36                        } else if(light_onoff == ALLLIGHTOFF) {
37                                all_light_off();
38                        }
39                }
40        }
```

34 : light_onoff 값이 ALLLIGHTON 이면

35 : all_light_on 함수를 호출하여 전조등과 후미등을 켭니다. all_light_on 함수는 바로 뒤에서 정의해 줍니다.

36 : light_onoff 값이 ALLLIGHTOFF 이면

37 : all_light_off 함수를 호출하여 전조등과 후미등을 끕니다. all_light_off 함수는 바로 뒤에서 정의해 줍니다.

05 다음과 같이 예제를 수정합니다.

light_control

```
61
62      void all_light_on() {
63              front_light_on();
64              rear_light_on();
65      }
66
67      void all_light_off() {
68              front_light_off();
69              rear_light_off();
70      }
```

62~65 : all_light_on 함수를 정의합니다.

63   : front_light_on 함수를 호출하여 전조등을 켭니다. front_light_on 함수는 앞에서 정의해주었습니다.

64   : rear_light_on 함수를 호출하여 후미등을 켭니다. rear_light_on 함수는 앞에서 정의해주었습니다.

67~70 : all_light_off 함수를 정의합니다.

68   : front_light_off 함수를 호출하여 전조등을 끕니다. front_light_off 함수는 앞에서 정의해주었습니다.

69   : rear_light_off 함수를 호출하여 후미등을 끕니다. rear_light_off 함수는 앞에서 정의해주었습니다.

06 [툴] 메뉴를 이용하여 보드, 포트를 다음과 같이 선택합니다.

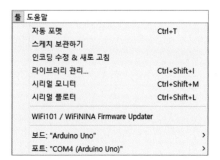

툴	도움말	
	자동 포맷	Ctrl+T
	스케치 보관하기	
	인코딩 수정 & 새로 고침	
	라이브러리 관리...	Ctrl+Shift+I
	시리얼 모니터	Ctrl+Shift+M
	시리얼 플로터	Ctrl+Shift+L
	WiFi101 / WiFiNINA Firmware Updater	
	보드: "Arduino Uno"	>
	포트: "COM4 (Arduino Uno)"	>

07 슬라이드 스위치를 USB 모드로 변경합니다.

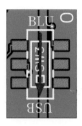

08 컴파일과 업로드를 수행합니다.

09 슬라이드 스위치를 BLU 모드로 변경합니다.

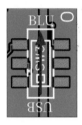

10 안드로이드 앱을 구동시킵니다.

11 안드로이드 앱을 통해 A, a 문자를 보내면서 전조등, 후미등의 동작을 테스트합니다.

후미등 점멸 제어하기

여기서는 RC카의 후미등을 점멸하는 기능을 추가합니다.

01 project_remote_rc_car_6을 project_remote_rc_car_7로 저장한 후, 실습을 진행합니다.

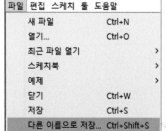

※ 제공되는 소스를 사용하여 실습할수도 있습니다.

02 다음과 같이 예제를 수정합니다.

```
light_control
17
18     void light_loop() {
19             process_light_onoff();
20             process_light_blink();
21     }
```

20 : process_light_blink 함수를 호출하여 좌전진과 우전진 시 후미등 점멸 제어를 처리합니다. process_light_blink 함수는 바로 뒤에서 정의해 줍니다.

03 다음과 같이 예제를 수정합니다.

```
project_remote_rc_car_7
73
74     enum {
75             FRONTLIGHTON = 'W',
76             FRONTLIGHTOFF = 'w',
77             REARLIGHTON = 'U',
78             REARLIGHTOFF = 'u',
79             ALLLIGHTON = 'A',
80             ALLLIGHTOFF = 'a',
81             REARLEFTBLINK = 'z',
82             REARRIGHTBLINK = 'c',
83     }; /*LIGHT*/
```

81~82 : enum 상수 집합에 상수를 추가해줍니다. enum은 상수 집합을 만들고 각 상수에 이름을 붙여주는 방법이며, 코드에 대한 가독성을 높여주기 위해 사용합니다. 여기서는 전조등과 후미등을 켜고 끄기위한 문자에 이름을 붙여주고 있습니다.

81 : 소문자 'z' 문자의 이름을 REARLEFTBLINK로 정의합니다.

82 : 소문자 'c' 문자의 이름을 REARRIGHTBLINK로 정의합니다.

04 다음과 같이 예제를 수정합니다.

```
project_remote_rc_car_7
084
085    #define MAX_SPEED 255
086    #define MIN_SPEED 0
087
088    char driving_action = STOP;
089    bool driving_action_changed =false;
090
091    char driving_speed_input = SPEED_0;
092    int driving_speed = MIN_SPEED;
```

```
093    bool driving_speed_changed =false;
094
095    char light_onoff;
096    bool light_onoff_changed =false;
097
098    char light_blink;
099    bool light_blink_changed =false;
100
101    void distribute_remote_input() {
102            if(remote_input_changed) {
103                    remote_input_changed =false;
104
105                    // 대문자를 소문자로 변경
106                    if(remote_input == GOFORWARDBLUETOOTH ||
107                    remote_input == GOBACKWARDBLUETOOTH ||
108                    remote_input == TURNLEFTBLUETOOTH ||
109                    remote_input == TURNRIGHTBLUETOOTH ||
110                    remote_input == STOPBLUETOOTH ||
111                    remote_input == GOFORWARDLEFTBLUETOOTH ||
112                    remote_input == GOFORWARDRIGHTBLUETOOTH ||
113                    remote_input == GOBACKWARDLEFTBLUETOOTH ||
114                    remote_input == GOBACKWARDRIGHTBLUETOOTH) {
115                            remote_input = remote_input -'A'+'a';
116                    }
117
118                    if(remote_input == GOFORWARD ||
119                    remote_input == GOBACKWARD ||
120                    remote_input == TURNLEFT ||
121                    remote_input == TURNRIGHT ||
122                    remote_input == STOP ||
123                    remote_input == GOFORWARDLEFT ||
124                    remote_input == GOFORWARDRIGHT ||
125                    remote_input == GOBACKWARDLEFT ||
126                    remote_input == GOBACKWARDRIGHT) {
127                            driving_action = remote_input;
128                            driving_action_changed =true;
129                    } else if(remote_input == SPEED_0 ||
130                    remote_input == SPEED_1 ||
131                    remote_input == SPEED_2 ||
132                    remote_input == SPEED_3 ||
133                    remote_input == SPEED_4 ||
134                    remote_input == SPEED_5 ||
135                    remote_input == SPEED_6 ||
136                    remote_input == SPEED_7 ||
137                    remote_input == SPEED_8 ||
138                    remote_input == SPEED_9 ||
139                    remote_input == SPEED_10) {
140                            driving_speed_input = remote_input;
```

```
141                              driving_speed_changed =true;
142                 } else if(remote_input == FRONTLIGHTON ||
143             remote_input == FRONTLIGHTOFF ||
144             remote_input == REARLIGHTON ||
145             remote_input == REARLIGHTOFF ||
146             remote_input == ALLLIGHTON ||
147             remote_input == ALLLIGHTOFF) {
148                      light_onoff = remote_input;
149                      light_onoff_changed =true;
150                 } else if(remote_input == REARLEFTBLINK ||
151             remote_input == REARRIGHTBLINK) {
152                      light_blink = remote_input;
153                      light_blink_changed =true;
154                 }
155             }
156     }
```

098 : light_blink 변수를 선언합니다. light_blink 변수는 한 문자를 담을 수 있는 변수로 후미등의 점멸 상태를 저장할 수 있는 변수입니다.

099 : light_blink_changed 변수를 선언한 후, false로 초기화합니다. light_blink_changed 변수는 true나 false 값을 저장할 수 있는 변수로 후미등의 점멸 상태가 변경될 경우, 변경되었다는 것을 알리기 위해 사용됩니다.

150 : remote_input 값이 REARLEFTBLINK 또는

151 : remote_input 값이 REARRIGHTBLINK 이면

152 : light_blink 값을 remote_input 값으로 변경하고,

153 : light_blink_changed 값을 true로 변경하여 light_blink 값이 변경되었다는 것을 알립니다.

05 다음과 같이 예제를 수정합니다.

```
74
75      bool rear_left_blink =false;
76      bool rear_right_blink =false;
77
78      void process_light_blink() {
79              if(light_blink_changed ) {
80                      light_blink_changed =false;
81
82                      if(light_blink == REARLEFTBLINK) {
83                              rear_left_blink =true;
84                              rear_right_blink =false;
85                      } else if(light_blink == REARRIGHTBLINK) {
86                              rear_left_blink =false;
87                              rear_right_blink =true;
88                      }
89              }
90      }
```

75 : rear_left_blink 변수를 선언한 후, false로 초기화합니다. rear_left_blink 변수는 true나 false 값을 저장할 수 있는 변수로 왼쪽 후미등의 점멸 상태가 변경될 경우, 변경되었다는 것을 알리기 위해 사용됩니다.

76 : rear_right_blink 변수를 선언한 후, false로 초기화합니다. rear_right_blink 변수는 true나 false 값을 저장할 수 있는 변수로 오른쪽 후미등의 점멸 상태가 변경될 경우, 변경되었다는 것을 알리기 위해 사용됩니다.

78~90 : process_light_blink 함수를 정의합니다.

79 : light_blink_changed 값을 확인하여 후미등의 점멸 상태가 변경된 것을 확인합니다.

90 : light_blink_changed 값을 false로 변경하여 79~89의 재수행을 멈춥니다.

82 : light_blink 값이 REARLEFTBLINK 이면

83 : rear_left_blink 값을 true로 변경하여 왼쪽 후미등이 점멸 상태로 변경되었다는 것을 알립니다.

84 : rear_right_blink 값을 false로 변경하여 오른쪽 후미등이 비점멸 상태로 변경되었다는 것을 알립니다.

85 : light_blink 값이 REARRIGHTBLINK 이면

86 : rear_left_blink 값을 false로 변경하여 왼쪽 후미등이 비점멸 상태로 변경되었다는 것을 알립니다.

87 : rear_right_blink 값을 true로 변경하여 오른쪽 후미등이 점멸 상태로 변경되었다는 것을 알립니다.

06 다음과 같이 예제를 수정합니다.

light_control

```
17
18      void light_loop() {
19              process_light_onoff();
20              process_light_blink();
21              process_rear_left_blink();
22              process_rear_right_blink();
23      }
```

21 : process_rear_left_blink 함수를 호출하여 좌전진 시 왼쪽 후미등 점멸 제어를 처리합니다. process_rear_left_blink 함수는 바로 뒤에서 정의해 줍니다.

22 : process_rear_right_blink 함수를 호출하여 우전진 시 오른쪽 후미등 점멸 제어를 처리합니다. process_rear_right_blink 함수는 바로 뒤에서 정의해 줍니다.

07 파일의 맨 마지막에 다음 루틴을 추가합니다.

light_control

```
091
092      void process_rear_left_blink() {
093              static unsigned long prev_millis =0;
094              const unsigned long interval_millis =500;
095
096              static int blink_cnt =0;
097
098              if(rear_left_blink) {
099                      unsigned long curr_millis = millis();
100                      if(curr_millis - prev_millis >= interval_millis) {
101                              prev_millis = curr_millis;
```

```
102
103                              blink_cnt ++;
104                              if(blink_cnt ==10) {
105                                      blink_cnt =0;
106                                      rear_left_blink =false;
107                                      light_onoff_changed =true;
108                              } else {
109                                      digitalWrite(rear_left_pin, blink_cnt%2);
110                              }
111                      }
112              }
113      }
```

092~113 : process_rear_left_blink 함수를 정의합니다.

093   : prev_millis 정적 변수를 선언합니다.

094   : interval_millis 상수를 선언합니다.

prev_millis 변수와 interval_millis 변수는 같이 사용되어 500 밀리초 간격으로 왼쪽 후미등을 켜거나 끄기위해 사용하는 변수입니다. prev_millis 변수는 0, 500, 1000, ...과 같은 값을 시간에 따라 차례로 저장하게 됩니다.

096   : blink_cnt 정적 변수를 선언합니다. blink_cnt 변수는 500 밀리초 간격으로 1씩 증가하며 왼쪽 후미등을 켜거나 끄기위해 사용하는 변수입니다.

098   : rear_left_blink 값을 확인하여 왼쪽 후미등이 점멸 상태인지 확인합니다.

099   : millis 함수를 호출하여 현재 시간을 얻어냅니다. millis 함수는 아두이노의 동작이 시작된 이후의 밀리초 단위의 시간을 알려줍니다.

100   : 현재 시간이 이전 시간으로부터 500 밀리초가 지났다면

101   : 이전 시간을 현재 시간으로 변경합니다.

103   : blink_cnt 값을 하나 증가시킵니다.

104   : blink_cnt 값이 10이면

105   : blink_cnt 값을 0으로 초기화하고,

106   : rear_left_blink 값을 false로 변경하여 왼쪽 후미등을 비점멸 상태로 변경하고,

107   : light_onoff_changed 값을 true로 변경하여 왼쪽 후미등의 상태가 점멸전 상태로 변경되어야 한다는 것을 알립니다.

108   : blink_cnt 값이 10이 아니면

109   : 왼쪽 후미등을 blink_cnt 값에 따라 켜거나 끄게 됩니다. (blink_cnt%2)는 blink_cnt 값을 2로 나눈 나머지를 의미합니다. 따라서 blink_cnt 값에 따라 0 또는 1이 되며, 0은 LOW를 1은 HIGH 값과 같게 되어 왼쪽 후미등이 켜지거나 꺼지게 됩니다.

08 파일의 맨 마지막에 다음 루틴을 추가합니다.

light_control

```
114
115      void process_rear_right_blink() {
116              static unsigned long prev_millis =0;
117              const unsigned long interval_millis =500;
118
119              static int blink_cnt =0;
120
121              if(rear_right_blink) {
```

```
122                     unsigned long curr_millis = millis();
123                     if(curr_millis - prev_millis >= interval_millis) {
124                             prev_millis = curr_millis;
125
126                             blink_cnt ++;
127                             if(blink_cnt ==10) {
128                                     blink_cnt =0;
129                                     rear_right_blink =false;
130                                     light_onoff_changed =true;
131                             } else {
132                                     digitalWrite(rear_right_pin, blink_cnt%2);
133                             }
134                     }
135             }
136     }
```

115~136 : process_rear_right_blink 함수를 정의합니다.

116   : prev_millis 정적 변수를 선언합니다.

117   : interval_millis 상수를 선언합니다.

prev_millis 변수와 interval_millis 변수는 같이 사용되어 500 밀리초 간격으로 오른쪽 후미등을 켜거나 끄기위해 사용하는 변수입니다. prev_millis 변수는 0, 500, 1000, ...과 같은 값을 시간에 따라 차례로 저장하게 됩니다.

119   : blink_cnt 정적 변수를 선언합니다. blink_cnt 변수는 500 밀리초 간격으로 증가하며 오른쪽 후미등을 켜거나 끄기위해 사용하는 변수입니다.

121   : rear_right_blink 값을 확인하여 오른쪽 후미등이 점멸 상태인지 확인합니다.

122   : millis 함수를 호출하여 현재 시간을 얻어냅니다. millis 함수는 아두이노의 동작이 시작된 이후의 밀리초 단위의 시간을 알려줍니다.

123   : 현재 시간이 이전 시간으로부터 500 밀리초가 지났다면

124   : 이전 시간을 현재 시간으로 변경합니다.

126   : blink_cnt 값을 하나 증가시킵니다.

127   : blink_cnt 값이 10이면

128   : blink_cnt 값을 0으로 초기화하고,

129   : rear_right_blink 값을 false로 변경하여 오른쪽 후미등을 비점멸 상태로 변경하고,

130   : light_onoff_changed 값을 true로 변경하여 오른쪽 후미등의 상태가 점멸전 상태로 변경되어야 한다는 것을 알립니다.

131   : blink_cnt 값이 10이 아니면

132   : 오른쪽 후미등을 blink_cnt 값에 따라 켜거나 끄게 됩니다. (blink_cnt%2)는 blink_cnt 값을 2로 나눈 나머지를 의미합니다. 따라서 blink_cnt 값에 따라 0 또는 1이 되며, 0은 LOW를 1은 HIGH 값과 같게 되어 오른쪽 후미등이 켜지거나 꺼지게 됩니다.

09 light_onoff 변수를 다음과 같이 초기화합니다.

project_remote_rc_car_7

```
94
95     char light_onoff = ALLLIGHTOFF;
96     bool light_onoff_changed =false;
```

95 : light_onoff 변수를 ALLLIGHTOFF 상태로 초기화합니다.

10 [툴] 메뉴를 이용하여 보드, 포트를 다음과 같이 선택합니다.

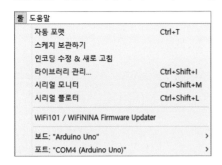

11 슬라이드 스위치를 USB 모드로 변경합니다.

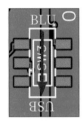

12 컴파일과 업로드를 수행합니다.

13 업로드가 완료되면, [시리얼 모니터] 버튼을 클릭합니다.

14 시리얼 통신 속도를 9600으로 맞추어 줍니다.

9600 보드레이트 ∨	출력 지우기

15 시리얼 모니터를 통해 z, c 문자를 보내면서 후미등의 점멸 동작을 테스트합니다.

방향 전환시 후미등 자동 점멸 제어하기

여기서는 RC카의 방향 전환시 그 방향의 후미등을 자동으로 점멸하는 기능을 추가합니다. 예를 들어, RC카를 왼쪽으로 전진시킬 경우 왼쪽의 후미등이 일정시간 자동으로 점멸되는 기능입니다.

01 project_remote_rc_car_7을 project_remote_rc_car_8로 저장한 후, 실습을 진행합니다.

파일	편집 스케치 툴 도움말	
새 파일	Ctrl+N	
열기...	Ctrl+O	
최근 파일 열기		>
스케치북		>
예제		>
닫기	Ctrl+W	
저장	Ctrl+S	
다른 이름으로 저장...	Ctrl+Shift+S	

※ 제공되는 소스를 사용하여 실습할수도 있습니다.

02 다음과 같이 예제를 수정합니다.

wheel_control

```
39
40      void process_driving_action() {
41          if(driving_action_changed) {
42              driving_action_changed =false;
43
44              if(driving_action == GOFORWARD) {
45                  go_forward();
46              } else if(driving_action == GOBACKWARD) {
47                  go_backward();
48              } else if(driving_action == TURNLEFT) {
49                  turn_left();
50              } else if(driving_action == TURNRIGHT) {
51                  turn_right();
52              } else if(driving_action == STOP) {
53                  stop_driving();
54              } else if(driving_action == GOFORWARDLEFT) {
55                  go_forward_left();
56                  light_blink = REARLEFTBLINK;
57                  light_blink_changed =true;
58              } else if(driving_action == GOFORWARDRIGHT) {
59                  go_forward_right();
60                  light_blink = REARRIGHTBLINK;
61                  light_blink_changed =true;
62              } else if(driving_action == GOBACKWARDLEFT) {
63                  go_backward_left();
64              } else if(driving_action == GOBACKWARDRIGHT) {
65                  go_backward_right();
66              }
67          }
68      }
```

54 : driving_action 값이 GOFORWARDLEFT 이면

55 : go_forward_left 함수를 호출하여 왼쪽 전진을 수행하고,

56 : light_blink 값을 REARLEFTBLINK로 변경하고,

57 : light_blink_changed 값을 true로 변경하여 왼쪽 후미등이 깜빡이게 합니다.

58 : driving_action 값이 GOFORWARDRIGHT 이면

59 : go_forward_right 함수를 호출하여 오른쪽 전진을 수행하고,

60 : light_blink 값을 REARRIGHTBLINK로 변경하고,

61 : light_blink_changed 값을 true로 변경하여 오른쪽 후미등이 깜빡이게 합니다.

03 [툴] 메뉴를 이용하여 보드, 포트를 다음과 같이 선택합니다.

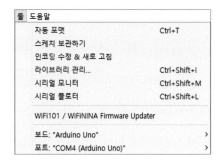

04 슬라이드 스위치를 USB 모드로 변경합니다.

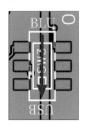

05 컴파일과 업로드를 수행합니다.

06 슬라이드 스위치를 BLU 모드로 변경합니다.

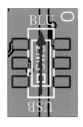

07 안드로이드 앱을 구동시킵니다.

08 안드로이드 앱을 통해 왼쪽 전진 또는 오른쪽 전진시 각 방향 후미등의 점멸 동작을 테스트합니다.

02

digitalWrite 함수로 analogWrite 함수와 PWM의 원리 이해하기

우리는 앞에서 analogWrite 함수를 이용하여 모터의 속도를 조절해 보았습니다. 그러면 analogWrite 함수의 동작 원리는 무엇일까요? 어떤 원리로 모터의 속도를 조절하는 것일까요? 여기서는 digitalWrite 함수를 이용하여 analogWrite 함수의 동작 원리를 이해해 보고 나아가 PWM의 원리를 이해해 보도록 합니다. 이 과정에서 아래와 같은 사각 파형에 대한 주파수와 상하비의 개념을 이해하도록 합니다.

주파수란 1초간 반복되는 사각 파형의 개수를 의미하며, 상하비란 사각 파형의 HIGH 값과 LOW 값의 비를 의미합니다.

02-1 digitalWrite 함수로 analogWrite 함수 이해하기

digitalWrite 함수를 이용하여 analogWrite 함수의 동작 원리를 이해해 보도록 합니다.

digitalWrite 함수로 LED 점멸 반복해 보기

digitalWrite 함수를 이용하여 후방 왼쪽 LED를 껐다 켰다를 반복해 봅니다.

01 [새 파일]을 하나 생성한 후, _09led_brightness_1Hz로 저장합니다.

파일	편집	스케치	툴	도움말
새 파일		Ctrl+N		

02 다음과 같이 예제를 작성합니다.

```
_09led_brightness_1Hz
01      const int led_pin =11;
02
03      void setup() {
04              pinMode(led_pin, OUTPUT);
05      }
06
07      void loop() {
08              digitalWrite(led_pin, HIGH);
09              delay(500);
10              digitalWrite(led_pin, LOW);
11              delay(500);
12      }
```

01 : led_pin 변수에 3 번 모터 핀을 할당하고 있습니다.

04 : pinMode 함수를 이용하여 led_pin을 출력으로 설정하고 있습니다. pinMode 함수는 digitalWrite 함수나 digitalRead 함수를 이용하여 HIGH, LOW 값을 쓰거나 읽고자 할 때 사용하는 함수입니다.

08 : digitalWrite 함수를 이용하여 led_pin에 HIGH 값을 쓰고 있습니다. 그러면 3 번 LED는 켜집니다.

09 : 0.5초간 지연을 줍니다.

10 : digitalWrite 함수를 이용하여 led_pin에 LOW 값을 쓰고 있습니다. 그러면 3 번 LED는 꺼집니다.

11 : 0.5초간 지연을 줍니다.

03 [툴] 메뉴를 이용하여 보드, 포트를 다음과 같이 선택합니다.

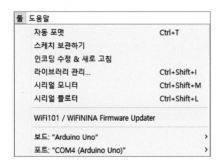

04 슬라이드 스위치를 USB 모드로 변경합니다.

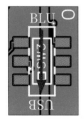

05 컴파일과 업로드를 수행합니다.

06 1초 주기로 LED가 켜졌다 꺼졌다 하는 것을 확인합니다. 즉, 1Hz의 주파수로 LED가 점멸하는 것을 확인합니다.

LED의 점등은 3번 핀을 통해 나오는 HIGH 값에 의해 발생합니다. LED의 소등은 3번 핀을 통해 나오는 LOW 값에 의해 발생합니다. 즉, 3번 핀으로는 위 그림과 같이 HIGH값과 LOW 값이 1초 주기로 나오게 되며, 이 값들에 의해 LED는 점멸을 반복하게 됩니다. 그리고 이 경우 여러분은 LED가 점멸 하는 것을 느낄 수 있습니다.

LED 점멸 간격 줄여보기

이제 LED의 점멸 간격을 줄여보도록 합니다. 그러면 여러분은 좀 더 조밀하게 LED가 점멸하는 것을 느낄 것입니다.

01 [새 파일]을 하나 생성한 후, _10led_brightness_10Hz로 저장합니다.

02 이전 예제를 복사한 후, 다음과 같이 수정합니다.

```
_10led_brightness_10Hz
01      const int led_pin =11;
02
03      void setup() {
04              pinMode(led_pin, OUTPUT);
05      }
06
07      void loop() {
08              digitalWrite(led_pin, HIGH);
09              delay(50);
10              digitalWrite(led_pin, LOW);
11              delay(50);
12      }
```

09, 11 : 500을 50으로 변경합니다.

03 [툴] 메뉴를 이용하여 보드, 포트를 다음과 같이 선택합니다.

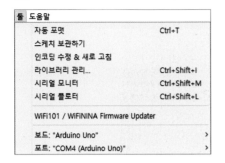

04 슬라이드 스위치를 USB 모드로 변경합니다.

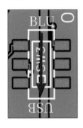

05 컴파일과 업로드를 수행합니다.

06 이 예제의 경우 LED는 초당 10번 점멸 하게 됩니다. 즉, 10Hz의 주파수로 점멸하게 됩니다.

그림과 같은 파형이 초당 10개가 생성됩니다. 이 경우에도 여러분은 반복적으로 LED가 점멸하는 것을 느낄 것입니다. 그러나 그 간격은 더 조밀하게 느껴질 것입니다.

반복적인 LED 점멸을 일정한 점등으로 느껴보기

LED의 점멸 간격을 더 줄여보도록 합니다. 여기서 여러분은 LED의 점멸을 느끼지 못하게 될 것입니다. 오히려 LED가 일정하게 점등되어 있다고 느낄 것입니다.

01 [새 파일]을 하나 생성한 후, _11led_brightness_100Hz로 저장합니다.

02 이전 예제를 복사한 후, 다음과 같이 수정합니다.

```
_11led_brightness_100Hz
01      const int led_pin =11;
02
03      void setup() {
04              pinMode(led_pin, OUTPUT);
05      }
06
07      void loop() {
08              digitalWrite(led_pin, HIGH);
09              delay(5);
10              digitalWrite(led_pin, LOW);
11              delay(5);
12      }
```

09, 11 : 50을 5로 변경합니다.

03 [툴] 메뉴를 이용하여 보드, 포트를 다음과 같이 선택합니다.

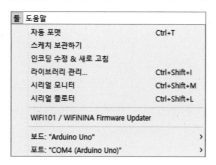

04 슬라이드 스위치를 USB 모드로 변경합니다.

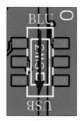

05 컴파일과 업로드를 수행합니다.

06 이 예제의 경우 LED는 초당 100번 점멸 하게 됩니다. 즉, 100Hz의 주파수로 점멸하게 됩니다.

그림과 같은 파형이 초당 100개가 생성됩니다. 이제 여러분은 LED가 점멸하는 것을 느끼지 못할 것입니다. 오히려 LED가 일정하게 켜져 있다고 느낄 것입니다.

일반적으로 이러한 파형이 초당 40개 이상이 되면, 즉, 40Hz 이상의 주파수로 LED 점멸을 반복하면 우리는 그것을 느끼기 어렵습니다.

digitalWrite 함수로 LED 밝기 변경해 보기

이제 digitalWrite 함수로 LED의 밝기를 변경해 보도록 합니다. 이전 예제의 경우 LED는 100Hz의 속도로 50%는 점등을, 50%는 소등을 반복하였습니다. 그리고 이 경우 우리는 LED의 밝기를 평균 값인 50%의 밝기로 느꼈습니다. 만약 LED에 대해 10%는 점등을, 90%는 소등을 반복한다면 우리는 LED의 밝기를 어떻게 느낄까요? 평균 10%의 밝기로 느끼게 되지 않을까요? 예제를 통해 확인해 보도록 합니다.

01 [새 파일]을 하나 생성한 후, _12led_brightness_100Hz_1_9로 저장합니다.

파일	편집 스케치 툴 도움말
새 파일	Ctrl+N

02 이전 예제를 복사한 후, 다음과 같이 수정합니다.

```
_12led_brightness_100Hz_1_9
01    const int led_pin =11;
02
03    void setup() {
04        pinMode(led_pin, OUTPUT);
05    }
06
07    void loop() {
08        digitalWrite(led_pin, HIGH);
09        delay(1);
10        digitalWrite(led_pin, LOW);
11        delay(9);
12    }
```

9 : 5를 1로 변경합니다.
11 : 5를 9로 변경합니다.

03 [툴] 메뉴를 이용하여 보드, 포트를 다음과 같이 선택합니다.

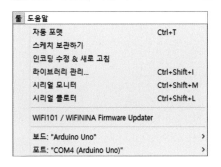

04 슬라이드 스위치를 USB 모드로 변경합니다.

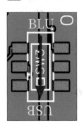

05 컴파일과 업로드를 수행합니다.

06 이 예제의 경우도 LED는 초당 100번 점멸 하게 됩니다. 즉, 100Hz의 주파수로 점멸하게 됩니다. 그러나 10%는 점등 상태로, 90%는 소등 상태로 있게 됩니다. 그래서 우리는 LED의 밝기가 이전 예제보다 낮다고 느끼게 됩니다.

그림에서 LED는 실제로 10%만 점등 상태이지만 100Hz의 주파수로 점멸하기 때문에 우리는 10%의 평균 밝기로 느끼게 됩니다. 10%는 HIGH 값에 의해 켜져있고 90%는 LOW 값에 의해 꺼져있으며, 이 경우 (HIGH:LOW)=(1:9)이 되게 됩니다. 즉, 상하비가 1:9이 됩니다. 상하비가 2:8이 되면 우리는 LED의 20%의 밝기로 느끼게 됩니다. 1:9에 해당되는 부분을 차례대로 다음과 같이 바꾸어 볼 수 있습니다.

```
0:10, 1:9, 2:8, 3:7 ... 10:0
```

우리는 HIGH와 LOW의 상하비에 따라 LED의 밝기를 조절할 수 있습니다.

시간에 따라 LED 밝기 조절해 보기

여기서는 0.1초 간격으로 다음의 상하비로 LED의 밝기를 조절해 보도록 합니다.

```
0:10, 1:9, 2:8, 3:7 ... 10:0
```

즉, HIGH의 개수는 0부터 10까지 차례로 늘어나며, 반대로 LOW의 개수는 10부터 0까지 차례로 줄게 됩니다.

01 [새 파일]을 하나 생성한 후, _13led_fading_by_digitalWrite로 저장합니다.

02 다음과 같이 예제를 작성합니다.

```
_13led_fading_by_digitalWrite
01    const int led_pin =11;
02
03    void setup() {
04            pinMode(led_pin, OUTPUT);
05    }
06
07    unsigned long current_millis =0;
08    unsigned long prev_millis =0;
09    unsigned long interval_millis =100;
10
11    void loop() {
12
13            for(int t_high =0;t_high <=10;t_high ++) {
14                    while(1) {
15                            digitalWrite(led_pin, HIGH);
16                            delay(t_high);
17                            digitalWrite(led_pin, LOW);
18                            delay(10 -t_high);
19
20                            current_millis = millis();
21                            if(current_millis - prev_millis >= interval_millis) {
22                                    prev_millis = current_millis;
23                                    break;
24                            }
25                    }
26            }
27    }
```

07~09, 20~24 : 1초 간격으로 14 번째 줄에 있는 while 문을 나와 13 번째 줄에 있는 for 문의 t_high 변수 값을 변경하기 위한 변수와 루틴입니다. 아래에 자세히 설명합니다.

07 : current_millis 변수는 현재 시간을 밀리 초 단위로 저장하기 위한 변수입니다.

08 : prev_millis 변수는 이전에 LED의 밝기를 변경한 시간을 밀리 초 단위로 나타냅니다. 처음엔 0 밀리 초로 가정합니다.

09 : interval_millis 변수는 LED의 밝기를 변경하는 시간 간격을 밀리 초 단위로 나타냅니다. 여기서는 1000 밀리 초인 1초를 나타냅니다.

13 : for 문을 사용하여 t_high 변수 값을 0부터 10까지 주기적으로 변경하고 있습니다. t_high 변수 값은 16, 18 번째 줄에서 사용되며, led_pin을 통해 HIGH, LOW 값이 나가는 시간 값을 가집니다.

14 : 조건이 없는 while 문을 수행합니다. while 문을 나오는 조건은 21 번째 줄에 있으며, 1초 간격으로 나오게 됩니다.

20 : millis 함수를 호출하여 현재 시간을 밀리 초 단위로 얻어내어 current_millis 변수에 저장하고 있습니다.

21 : 현재 시간에서 이전 시간을 뺀 후, interval_millis 변수 값과 비교하고 있습니다. 처음에 prev_millis 변수의 값은 0 이었고, millis 함수를 반복적으로 호출하면서, current_millis 변수의 값은 0, 1, 2, ...와 같은 형태로 증가하게 됩니다. 최초에 current_millis 변수의 값이 10000이 되기 전에는 if 문 내부를 수행하지 않습니다. 그러다가 current_millis 변수 값이 10000이 되는 시점에 (current_millis − prev_millis) 값이 interval_millis 값과 같아지면서 if 문 내부로 들어갑니다.

22 : if 문 내부로 들어오면 먼저 prev_millis 변수 값을 current_millis 값인 1000으로 수정해 줍니다

23 : break 문을 수행하여 while 문을 벗어납니다. if 문을 나온 후에, current_millis 변수의 값은 1000, 1001, 1002, ...와 같은 형태로 증가합니다. 그러나 prev_millis 변수의 값이 이미 1000으로 설정되었기 때문에 current_millis 변수의 값이 20000이 될 때까지 if 문 내부로 들어갈 수 없습니다.

03 [툴] 메뉴를 이용하여 보드, 포트를 다음과 같이 선택합니다.

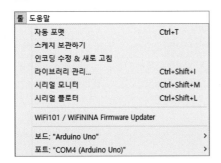

04 슬라이드 스위치를 USB 모드로 변경합니다.

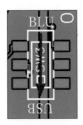

05 컴파일과 업로드를 수행합니다.

06 1초 간격으로 다음의 비율로 LED가 밝아지는 것을 확인합니다.

```
0%, 10% 20%, 30%, ... 100%
```

analogWrite 함수로 LED 밝기 조절해 보기

이전 예제에서 우리는 100Hz의 속도로 0~10의 HIGH 값으로 LED의 밝기를 조절해 보았습니다. 10번 핀에 analogWrite 함수를 사용할 경우 490Hz의 속도로 0~255의 HIGH 값으로 LED의 밝기를 조절할 수 있습니다. 즉, 더 빠른 주파수와 더 조밀한 상하비로 LED의 밝기를 조절할 수 있습니다. 그러나 주파수는 490Hz로 고정된 값이며 0~255의 상하비만 변경할 수 있습니다.

아두이노 우노 보드를 기준으노 analogWrite 함수는~표시가 있는 PWM 핀을 통해 아래와 같은 형태의 사각 파형을 내보내며, 특히 상하비를 결정하는 역할을 합니다. 상하비는 한 주기당 5V 비율을 의미합니다.

아두이노 우노 보드 상에서~표시가 된 핀들은 사각 파형을 내보낼 수 있는 핀들입니다.

analogWrite 함수를 호출하면, 해당 핀은 이 함수를 다시 호출할 때까지 똑같은 사각 파형을 내보냅니다. 사각파형의 상하비는 0~255의 인자를 통해 결정됩니다. 아두이노 우노의 경우 사각 파형의 주파수는 5, 6 번 핀의 경우 약 980 Hz이고, 나머지 핀들은 약 490 Hz 정도로 정해져 있습니다.

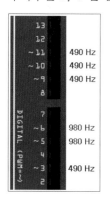

따라서 각 PWM 핀에 대해 주파수는 고정되어 있으며, analogWrite 함수는 고정된 주파수의 상하비를 결정하는 역할을 합니다.

이전 예제를 analogWrite 함수를 이용하여 변경한 후, LED가 같은 형태로 점멸하도록 해 봅니다.

01 [새 파일]을 하나 생성한 후, _14led_fading_by_analogWrite로 저장합니다.

파일	편집 스케치 툴 도움말
새 파일	Ctrl+N

02 이전 예제를 복사한 후, 다음과 같이 수정합니다.

_14led_fading_by_analogWrite

```
01    const int led_pin =11;
02
03    void setup() {
04            pinMode(led_pin, OUTPUT);
05    }
06
07    unsigned long current_millis =0;
08    unsigned long prev_millis =0;
09    unsigned long interval_millis =100;
10
11    void loop() {
12
13            for(int t_high =0;t_high <=255;t_high +=25) {
14                    while(1) {
15                            analogWrite(led_pin, t_high);
16
17                            current_millis = millis();
18                            if(current_millis - prev_millis >= interval_millis) {
19                                    prev_millis = current_millis;
20                                    break;
21                            }
22                    }
23            }
24    }
```

13 : for 문을 사용하여 t_high 변수 값을 0부터 255까지 25 간격으로 주기적으로 변경하고 있습니다.

15 : analogWrite 함수를 호출하여 led_pin에 0, 25, 50, ... 250의 HIGH 값을 주고 있습니다.

03 [툴] 메뉴를 이용하여 보드, 포트를 다음과 같이 선택합니다.

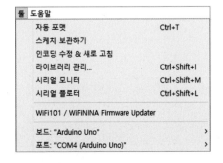

04 슬라이드 스위치를 USB 모드로 변경합니다.

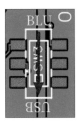

05 컴파일과 업로드를 수행합니다.

06 1초 간격으로 LED의 밝기가 증가하는 것을 확인합니다.

앞의 예제의 경우 다음과 같이 수정해도 결과는 같습니다.

```
_14led_fading_by_analogWrite_2

01    const int led_pin =11;
02
03    void setup() {
04    }
05
06    void loop() {
07          for(int t_high =0;t_high <=255;t_high +=25) {
08                analogWrite(led_pin, t_high);
09
10                delay(100);
11          }
12    }
```

digitalWrite 함수로 LED의 밝기를 조절한 경우엔 아두이노 칩 내부에 있는 CPU가 직접 핀 제어를 통해 주파수와 상하비를 조절하였습니다. 그러나 analogWrite 함수의 경우에는 아두이노 칩 내부에 있는 Timer 모듈을 이용하여 사각 파형을 만들어 냅니다. 즉, Timer 모듈이 핀 제어를 통해 주파수와 상하비를 조절합니다.

analogWrite 함수로 LED 밝기 단계 조절해 보기

여기서는 이전 예제를 수정하여 좀 더 세밀하게 LED 밝기를 변경해 봅니다.

01 [새 파일]을 하나 생성한 후, _15led_fading_by_analogWrite_256로 저장합니다.

02 이전 예제를 복사한 후, 다음과 같이 수정합니다.

```
_15led_fading_by_analogWrite_256
01      const int led_pin =11;
02
03      void setup() {
04      }
05
06      void loop() {
07              for(int t_high =0;t_high <=255;t_high ++) {
08                      analogWrite(led_pin, t_high);
09
10                      delay(100 /25);
11              }
12      }
```

07 : for 문을 사용하여 t_high 변수 값을 0부터 255까지 1 간격으로 주기적으로 변경하고 있습니다.

08 : analogWrite 함수를 호출하여 led_pin에 0, 1, 2, ... 255의 HIGH 값을 주고 있습니다.

03 [툴] 메뉴를 이용하여 보드, 포트를 다음과 같이 선택합니다.

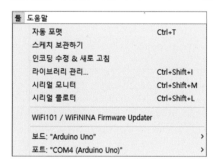

04 슬라이드 스위치를 USB 모드로 변경합니다.

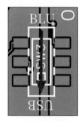

05 컴파일과 업로드를 수행합니다.

06 약 10초간 0~255 단계로 LED의 밝기가 증가하는 것을 볼 수 있습니다.

02-2 Timer1으로 PWM 주파수와 상하비 조절하기

우리는 앞에서 analogWrite 함수를 이용하여 3번 핀에 대한 상하비를 조절하여 LED의 밝기를 조절해 보았습니다. 주파수의 경우 3번 핀에 대해 490Hz로 고정되어 있다고 했습니다. 그러면 3번 핀에 대한 주파수를 조절할 수는 없을까요?

아두이노 칩 내부에 있는 Timer1 모듈을 직접 제어하면 사각 파형에 대한 주파수와 상하비를 모두 조절할 수 있습니다. 여기서는 아두이노 칩 내부에 있는 Timer1 모듈을 이용하여 주파수와 상하비를 모두 조절해 보도록 합니다.

아두이노 우노에서는 Timer1을 통해 PWM 파형을 내 보낼 수 있는 핀이 9, 10 번 핀입니다.

Timer1 라이브러리 설치하기

Timer1 모듈로 주파수와 상하비를 조절하기 위해서는 Timer1 라이브러리를 사용해야 합니다. 다음과 같이 Timer1 라이브러리를 설치하도록 합니다.

01 [스케치]--[라이브러리 포함하기]--[라이브러리 관리...] 메뉴를 선택합니다.

02 다음과 같이 [timerone] 라이브러리를 검색합니다.

03 다음과 같이 [timerone] 라이브러리를 확인한 후, [설치] 버튼을 눌러 설치를 진행합니다

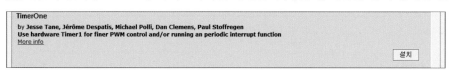

04 다음과 같이 설치된 것을 확인합니다.

05 설치가 끝나면 [닫기] 버튼을 누릅니다.

닫기

06 [스케치]--[라이브러리 포함하기] 메뉴를 선택하여 설치가 되었는지 확인합니다.

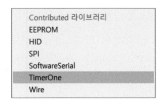

Timer1으로 LED 점멸 반복해 보기

먼저 Timer1으로 LED 점멸을 반복해 봅니다. 서보모터 제어 핀인 9번 핀에 연결된
LED를 이용합니다.

01 [새 파일]을 하나 생성한 후, _16led_brightness_timer1_1Hz로 저장합니다.

02 다음과 같이 예제를 작성합니다.

_16led_brightness_timer1_1Hz

```
01      #include <TimerOne.h>
02
03      const int led_pin =9;
04
05      void setup() {
06              Timer1.initialize();
07              Timer1.pwm(led_pin, 0);
08
09              Timer1.setPeriod(1000000); // 1Hz
10              Timer1.setPwmDuty(led_pin, 511);
11      }
12
13      void loop() {
14
15      }
```

01 : Timer1 관련 함수를 사용하기 위해 TimerOne.h 헤더 파일을 포함시켜 줍니다.
06 : initialize 함수를 호출하여 아두이노 칩 내부에 있는 Timer1 모듈을 초기화합니다.

07 : pwm 함수를 호출하여 led_pin으로 사각 파형을 내보내도록 설정합니다. 0은 HIGH의 개수를 나타내며 1023까지 쓸 수 있습니다.

09 : setPeriod 함수를 호출하여 주기를 1000000 us(마이크로 초)로 맞추어 주고 있습니다. setPeriod 함수의 인자는 us(마이크로 초) 단위의 시간이며, 하나의 사각 파형의 주기가 됩니다. 1000000 us는 1초입니다. 아래 그림은 주기가 1초인 파형을 나타냅니다.

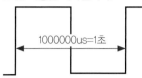

10 : setPwmDuty 함수를 호출하여 led_pin에 대한 상하비를 511:512로 맞추어 줍니다. setPwmDuty 함수의 두 번째 인자는 상하비를 나타내며 0, 1, 2, ... 1023의 HIGH 값을 줄 수 있습니다.

03 [툴] 메뉴를 이용하여 보드, 포트를 다음과 같이 선택합니다.

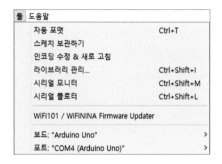

04 슬라이드 스위치를 USB 모드로 변경합니다.

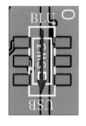

05 컴파일과 업로드를 수행합니다.

06 1초 주기로 LED가 점멸 하는 것을 확인합니다. 즉, 1Hz의 주파수로 LED의 점멸을 확인합니다.

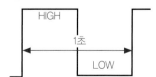

LED 점멸 간격 줄여보기

이제 LED의 점멸 간격을 줄여보도록 합니다. 그러면 여러분은 좀 더 조밀하게 LED가 점멸하는 것을 느낄 것입니다.

01 [새 파일]을 하나 생성한 후, _17led_brightness_timer1_10Hz로 저장합니다.

02 이전 예제를 복사한 후, 다음과 같이 수정합니다.

```
_17led_brightness_timer1_10Hz
01      #include <TimerOne.h>
02
03      const int led_pin =9;
04
05      void setup() {
06              Timer1.initialize();
07              Timer1.pwm(led_pin, 0);
08
09              Timer1.setPeriod(1000000 /10); // 10Hz
10              Timer1.setPwmDuty(led_pin, 511);
11      }
12
13      void loop() {
14
15      }
```

09 : 1000000을 10으로 나누어 100000 us로 변경합니다. 이 경우 주파수는 10Hz가 됩니다.

03 [툴] 메뉴를 이용하여 보드, 포트를 다음과 같이 선택합니다.

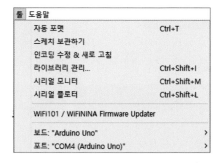

04 슬라이드 스위치를 USB 모드로 변경합니다.

05 컴파일과 업로드를 수행합니다.

06 이 예제의 경우 LED는 초당 10번 점멸 하게 됩니다. 즉, 10Hz의 주파수로 점멸하게 됩니다.

```
HIGH
   ┌──────┐        ┌───
   │ 1/10초 │        │
   │←─────→│        │
───┘       └────────┘
              LOW
```

반복적인 LED 점멸을 일정한 밝기로 느껴보기

LED의 점멸 간격을 더 줄여보도록 합니다. 여기서 여러분은 LED의 점멸을 느끼지 못하게 될 것입니다. 오히려 LED가 일정하게 켜져 있다고 느낄 것입니다.

01 [새 파일]을 하나 생성한 후, _18led_brightness_timer1_100Hz로 저장합니다.

02 이전 예제를 복사한 후, 다음과 같이 수정합니다.

```
_18led_brightness_timer1_100Hz
01      #include <TimerOne.h>
02
03      const int led_pin =9;
04
05      void setup() {
06              Timer1.initialize();
07              Timer1.pwm(led_pin, 0);
08
09              Timer1.setPeriod(1000000 /100); // 100Hz
10              Timer1.setPwmDuty(led_pin, 511);
11      }
12
13      void loop() {
14
15      }
```

09 : 1000000을 100으로 나누어 10000 us로 변경합니다. 이 경우 주파수는 100Hz가 됩니다.

03 [툴] 메뉴를 이용하여 보드, 포트를 다음과 같이 선택합니다.

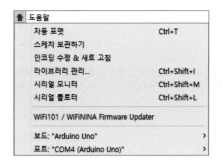

04 슬라이드 스위치를 USB 모드로 변경합니다.

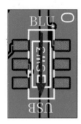

05 컴파일과 업로드를 수행합니다.

06 이 예제의 경우 LED는 초당 100번 점멸하게 됩니다. 즉, 100Hz의 주파수로 점멸하게 됩니다.

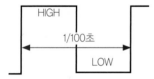

그림과 같은 파형이 초당 100개가 생성됩니다. 이제 여러분은 LED가 점멸하는 것을 느끼지 못할 것입니다. 오히려 LED가 일정한 밝기로 켜져있다고 느낄 것입니다.

LED 점멸 부드럽게 만들기
주파수를 늘리면 LED의 점멸이 더 부드러워집니다. 여기서는 주파수를 늘려 LED 점멸을 좀 더 부드럽게 만들어 봅니다.

01 [새 파일]을 하나 생성한 후, _19led_brightness_timer1_1000Hz로 저장합니다.

02 이전 예제를 복사한 후, 다음과 같이 수정합니다.

```
_19led_brightness_timer1_1000Hz
01      #include <TimerOne.h>
02
03      const int led_pin =9;
04
05      void setup() {
06              Timer1.initialize();
07              Timer1.pwm(led_pin, 0);
08
09              Timer1.setPeriod(1000000 /1000); // 1000Hz
10              Timer1.setPwmDuty(led_pin, 511);
11      }
12
13      void loop() {
14
15      }
```

09 : 1000000을 1000으로 나누어 1000 us로 변경합니다. 이 경우 주파수는 1000Hz가 됩니다.

03 [툴] 메뉴를 이용하여 보드, 포트를 다음과 같이 선택합니다.

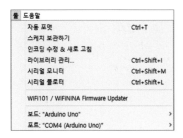

04 슬라이드 스위치를 USB 모드로 변경합니다.

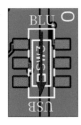

05 컴파일과 업로드를 수행합니다.

06 이 예제의 경우 LED는 초당 1000번 점멸하게 됩니다. 즉, 1000Hz의 주파수로 점멸하게 됩니다. LED의 점멸이 훨씬 부드러운 것을 느낄 수 있습니다.

Timer1으로 LED 밝기 조절해 보기

여기서는 Timer1을 이용하여 LED의 밝기를 조절해 보도록 합니다. analogWrite 함수를 이용하여 수행했던 동작과 같은 형태의 동작입니다.

01 [새 파일]을 하나 생성한 후, _20led_fading_by_Timer1로 저장합니다.

02 이전 예제를 복사한 후, 다음과 같이 수정합니다.

```
_20led_fading_by_Timer1

01      #include <TimerOne.h>
02
03      const int led_pin =9;
04
05      void setup() {
06              Timer1.initialize();
07              Timer1.pwm(led_pin, 0);
08
09              Timer1.setPeriod(1000); // 1000Hz
10      }
11
12      void loop() {
13              for(int t_high =0;t_high <=1023;t_high +=100) {
14                      Timer1.setPwmDuty(led_pin, t_high);
15
16                      delay(100);
17              }
18      }
```

09 : setPeriod 함수를 호출하여 주기를 1000 us(마이크로 초)로 맞추어 주고 있습니다.
13 : for 문을 사용하여 t_high 변수 값을 0부터 1023까지 100 간격으로 주기적으로 변경하고 있습니다.
14 : setPwmDuty 함수를 호출하여 led_pin에 0, 100, 200, ... 1000의 HIGH 값을 주고 있습니다.

03 [툴] 메뉴를 이용하여 보드, 포트를 다음과 같이 선택합니다.

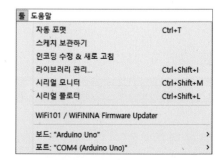

04 슬라이드 스위치를 USB 모드로 변경합니다.

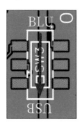

05 컴파일과 업로드를 수행합니다.

06 1초 간격으로 LED의 밝기가 증가하는 것을 확인합니다.

Timer1으로 LED 밝기 1024 단계 조절해 보기

여기서는 이전 예제를 수정하여 좀 더 세밀하게 LED 밝기를 변경해 봅니다.

01 [새 파일]을 하나 생성한 후, _21led_fading_by_Timer1_1024로 저장합니다.

02 이전 예제를 복사한 후, 다음과 같이 수정합니다.

```
_21led_fading_by_Timer1_1024
01      #include <TimerOne.h>
02
03      const int led_pin =9;
04
05      void setup() {
06              Timer1.initialize();
07              Timer1.pwm(led_pin, 0);
08
09              Timer1.setPeriod(1000); // 1000Hz
10      }
11
12      void loop() {
13              for(int t_high =0;t_high <=1023;t_high ++) {
14                      Timer1.setPwmDuty(led_pin, t_high);
15
16                      delay(1);
17              }
18      }
```

13 : for 문을 사용하여 t_high 변수 값을 0부터 1023까지 1 간격으로 주기적으로 변경하고 있습니다.

14 : setPwmDuty 함수를 호출하여 led_pin에 0, 1, 2, ... 1023의 HIGH 값을 주고 있습니다.

03 [툴] 메뉴를 이용하여 보드, 포트를 다음과 같이 선택합니다.

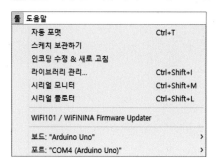

04 슬라이드 스위치를 USB 모드로 변경합니다.

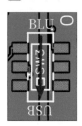

05 컴파일과 업로드를 수행합니다.

06 약 10초간 0~1023 단계로 LED의 밝기가 증가하는 것을 볼 수 있습니다.

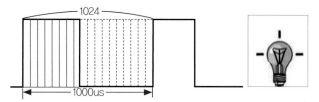

이 예제에서는 1000us 마다 하나의 사각 파형을 생성해 냅니다. 그럴 경우 1초에 생성되는 사각 파형의 개수는 1000 개가 됩니다. 따라서 이 예제에서는 1 kHz의 PWM 신호를 생성해 냅니다. setPwmDuty 함수는 상하비를 조절하는 역할을 합니다. 상하비에 대한 조절은 10비트 크기의 1024 단계로 조절할 수 있습니다.

03 어둠 감지 기능 추가하기

여기서는 빛 감지 센서를 추가한 후, 어둠 정도에 따라 전조등, 후미등이 자동으로 켜지거나 꺼지는 기능을 추가해보도록 합니다.

03-1 빛 감지 센서 살펴보기

빛 감지 센서의 모양은 다음과 같습니다.

▲ 빛 감지 센서

빛 감지 센서는 두 개의 핀을 갖고, 극성은 없습니다.

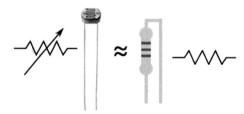

▲ 빛 감지 센서의 극성

빛 감지 센서는 빛의 양에 따라 값이 변하는 가변저항과 같습니다.

빛 감지 센서의 회로는 일반적으로 다음과 같이 구성합니다.

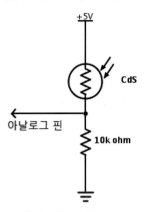

▲ 빛 감지 센서의 회로

10K Ohm 저항과 직렬로 연결합니다. 빛 감지 센서로 입력되는 빛의 양에 따라 저항 값이 달라집니다. 빛의 양이 적을수록, 즉 어두울 수록 저항 값은 높아지고, 빛의 양이 많을 수록 저항 값은 낮아집니다. 밝을 때의 저항 값은 5~10K Ohm 정도이며, 어두울 때는 200K Ohm까지 올라갑니다.

아두이노와는 다음과 같이 연결할 수 있습니다.

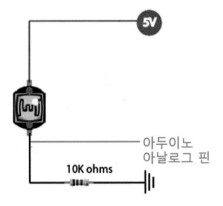

그림과 같이 연결했을 경우, 밝을 때의 핀의 전압은 2.5V 이상이며, 어두울 때는 핀의 전압이 0V에 가까워집니다.

코딩박스 쉴드에서 빛센서는 아두이노의 A0 핀과 연결되어 있습니다.

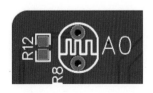

03-2 빛 감지 센서 테스트 코딩하기

여기서는 빛 감지 센서를 읽기 위한 테스트 루틴을 작성해 보도록 합니다. 먼저 delay 함수를 이용하여 테스트 루틴을 작성하고, 다음은 millis 함수를 이용하여 테스트 루틴을 작성하도록 합니다.

delay 함수를 이용하여 주기적으로 빛 감지 센서 읽기

여기서는 delay 함수를 이용하여 주기적으로 빛 감지 센서를 읽어보도록 합니다.

01 [새 파일]을 하나 생성한 후, _23brightness_sensor_test_with_delay로 저장합니다.

02 다음과 같이 예제를 작성합니다.

```
_23brightness_sensor_test_with_delay
01    const int brightness_sensor_pin = A0;
02
03    void setup() {
04            Serial.begin(9600);
05    }
06
07    void loop() {
08            int brightness = analogRead(brightness_sensor_pin);
09            Serial.print( "brightness sensor value : " );
10            Serial.println(brightness);
11            delay(500);
12    }
```

01 : brightness_sensor_pin 상수에 A0번 핀을 할당합니다. brightness_sensor_pin은 빛센서 입력에 사용됩니다.
04 : 시리얼 통신 속도를 9600 bps로 초기화합니다.
08 : analogRead 함수를 호출하여 brightness_sensor_pin 값을 읽어 brightness 변수에 저장합니다.
09 : Serial.print 함수를 호출하여 "brightness sensor value : " 문자열을 시리얼로 출력합니다.
10 : Serial.println 함수를 호출하여 brightness 값을 시리얼로 출력합니다.
11 : 500 밀리초(=0.5초)간 지연을 줍니다.

03 [툴] 메뉴를 이용하여 보드, 포트를 다음과 같이 선택합니다.

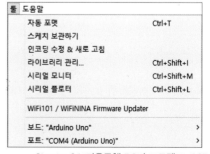

04 슬라이드 스위치를 USB 모드로 변경합니다.

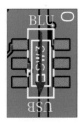

05 컴파일과 업로드를 수행합니다.

06 슬라이드 스위치를 BLU 모드로 변경합니다.

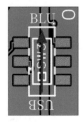

07 [시리얼 모니터] 버튼을 클릭합니다.

08 시리얼 통신 속도를 9600으로 맞추어 줍니다.

09 0.5초 간격으로 밝기에 따라 빛 감지 센서의 입력값이 변하는 것을 확인합니다.

millis 함수를 이용하여 주기적으로 빛 감지 센서 읽기

이전 예제는 프로젝트에 끼워 넣기에는 적당하지 않습니다. 프로젝트에서 다른 루틴을 간섭하지 않기 위해서는 millis 함수를 사용해야 합니다. 여기서는 millis 함수를 이용하여 주기적으로 빛 감지 센서를 읽어보도록 합니다.

01 [새 파일]을 하나 생성한 후, _24brightness_sensor_test_with_millis로 저장합니다.

02 다음과 같이 예제를 작성합니다.

```
_24brightness_sensor_test_with_millis
01      const int brightness_sensor_pin = A0;
02
03      void setup() {
04              Serial.begin(9600);
05      }
06
07      void loop() {
08              static unsigned long prev_millis =0;
09              const unsigned long interval_millis =500;
10
11              unsigned long curr_millis = millis();
12              if(curr_millis - prev_millis >= interval_millis) {
13                      prev_millis = curr_millis;
14
15                      int brightness = analogRead(A0);
16                      Serial.print("brightness sensor value : ");
17                      Serial.println(brightness);
18              }
19      }
```

08 : prev_millis 정적 변수를 선언합니다.

09 : interval_millis 상수를 선언합니다.

prev_millis 변수와 interval_millis 상수는 같이 사용되어 500 밀리초 간격으로 빛 센서 입력을 받기위해 사용하는 변수입니다. prev_millis 변수는 0, 500, 1000, ...과 같은 값을 시간에 따라 차례로 저장하게 됩니다.

11 : mills 함수를 호출하여 현재 시간을 얻어냅니다. millis 함수는 아두이노의 동작이 시작된 이후의 밀리초 단위의 시간을 알려줍니다.

12 : 현재 시간이 이전 시간으로부터 500 밀리초가 지났다면

13 : 이전 시간을 현재 시간으로 변경합니다.

15 : analogRead 함수를 호출하여 brightness_sensor_pin 값을 읽어 brightness 변수에 저장합니다.

16 : Serial.print 함수를 호출하여 "brightness sensor value : " 문자열을 시리얼로 출력합니다.

17 : Serial.println 함수를 호출하여 brightness 값을 시리얼로 출력합니다.

03 [툴] 메뉴를 이용하여 보드, 포트를 다음과 같이 선택합니다.

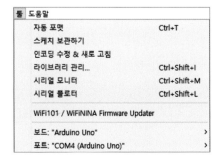

04 슬라이드 스위치를 USB 모드로 변경합니다.

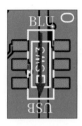

05 컴파일과 업로드를 수행합니다.

06 슬라이드 스위치를 BLU 모드로 변경합니다.

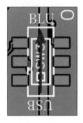

07 [시리얼 모니터] 버튼을 클릭합니다.

08 시리얼 통신 속도를 9600으로 맞추어 줍니다.

9600 보드레이트 ∨	출력 지우기

09 시리얼 모니터를 통해 센서 값을 확인합니다.

03-3 주야간 자동 점등, 소등 기능 추가하기

여기서는 프로젝트에 어두움 정도에 따라 전조등, 후미등이 자동으로 켜지거나 꺼지는 기능을 추가하도록 합니다.

주기적으로 센서 읽어오기

먼저 다른 루틴을 간섭하지 않도록 millis 함수를 이용하여 센서를 주기적으로 읽어오는 루틴을 추가하도록 합니다.

01 project_remote_rc_car_8을 project_remote_rc_car_9로 저장한 후, 실습을 진행합니다.

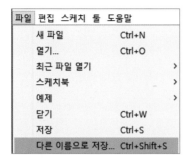

※ 제공되는 소스를 사용하여 실습할수도 있습니다.

02 빛 센서 입력을 처리하기 위해 다음과 같이 예제를 수정합니다.

```
project_remote_rc_car_9

06
07    void loop() {
08            remote_loop();
09            motor_loop();
10            light_loop();
11            brightness_sensor_loop();
12    }
```

11 : brightness_sensor_loop 함수를 호출하여 빛 센서 입력을 처리합니다. brightness_sensor_loop 함수는 바로 뒤에서 정의해 줍니다.

03 빛 센서 입력을 위해 brightness_input 파일을 하나 추가합니다. 다음과 같이 [새 탭] 메뉴를 선택합니다.

04 추가할 파일의 이름으로 brightness_input을 입력한 후, [확인] 버튼을 누릅니다.

05 다음과 같이 light_control 파일이 추가된 것을 확인합니다.

06 빛 센서 입력을 처리하기 위해 다음과 같이 루틴을 추가합니다.

```
brightness_input

01      void brightness_sensor_loop() {
02              check_brightness_sensor_input();
03      }
```

01~03 : brightness_sensor_loop 함수를 정의합니다.

02 : check_brightness_sensor_input 함수를 호출하여 빛센서 입력을 확인합니다. check_brightness_sensor_input 함수는 바로 뒤에서 정의해 줍니다.

07 다음과 같이 루틴을 추가합니다.

```
brightness_input

04
05      int brightness_input;
06      bool brightness_input_changed =false;
07
08      void check_brightness_sensor_input() {
09              static unsigned long prev_millis =0;
10              const unsigned long interval_millis =500;
11
12              unsigned long curr_millis = millis();
13              if(curr_millis - prev_millis >= interval_millis) {
14                      prev_millis = curr_millis;
15
16                      brightness_input = analogRead(A0);
17                      brightness_input_changed =true;
18
19                      Serial.print( " brightness: " );
20                      Serial.println(brightness_input);
21              }
22      }
```

05 : brightness_input 변수를 선언합니다. brightness_input 변수는 정수를 담을 수 있는 변수로 빛 센서로부터 입력받은 밝기 값을 저장하는 역할을 합니다.

06 : brightness_input_changed 변수를 선언한 후, false로 초기화합니다. brightness_input_changed 변수는 true나 false 값을 저장할 수 있는 변수로 빛 센서로부터 밝기 값을 새로 받았다는 것을 알리기 위해 사용됩니다.

09 : prev_millis 정적 변수를 선언합니다.

10 : interval_millis 상수를 선언합니다.

prev_millis 변수와 interval_millis 상수는 같이 사용되어 500 밀리초 간격으로 빛 센서 입력을 받기위해 사용하는 변수입니다. prev_millis 변수는 0, 500, 1000, ...과 같은 값을 시간에 따라 차례로 저장하게 됩니다.

12 : mills 함수를 호출하여 현재 시간을 얻어냅니다. millis 함수는 아두이노의 동작이 시작된 이후의 밀리초 단위의 시간을 알려줍니다.

13 : 현재 시간이 이전 시간으로부터 500 밀리초가 지났다면

14 : 이전 시간을 현재 시간으로 변경합니다.

16 : analogRead 함수를 호출하여 A0(brightness_sensor_pin) 값을 읽어 brightness_input 변수에 저장합니다.

17 : brightness_input_changed 값을 true로 설정하여 빛 센서로부터 밝기 값을 새로 받았다는 것을 알립니다.

19 : Serial.print 함수를 호출하여 "brightness:" 문자열을 시리얼로 출력합니다.

20 : Serial.println 함수를 호출하여 brightness 값을 시리얼로 출력합니다.

08 [툴] 메뉴를 이용하여 보드, 포트를 다음과 같이 선택합니다.

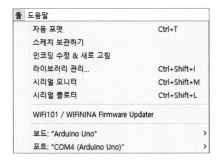

09 슬라이드 스위치를 USB 모드로 변경합니다.

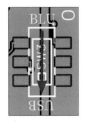

10 컴파일과 업로드를 수행합니다.

11 슬라이드 스위치를 BLU 모드로 변경합니다.

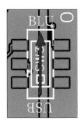

12 [시리얼 모니터] 버튼을 클릭합니다.

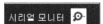

13 시리얼 통신 속도를 9600으로 맞추어 줍니다.

14 시리얼 모니터를 통해 센서 값을 확인합니다. 동시에 주행, 조향 테스트를 수행합니다.

자동 점등, 소등하기

여기서는 어두워지면 점등하고, 밝아지면 소등하는 기능을 추가하도록 합니다.

01 project_remote_rc_car_9를 project_remote_rc_car_10으로 저장한 후, 실습을 진행합니다.

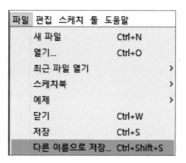

※ 제공되는 소스를 사용하여 실습할수도 있습니다.

02 다음과 같이 루틴을 추가합니다.

```
brightness_input

04      void brightness_sensor_loop() {
05              check_brightness_sensor_input();
06              distribute_brightness_sensor_input();
07      }
```

03 : distribute_brightness_sensor_input 함수를 호출하여 빛센서 입력을 분배합니다. 빛센서 입력은 전조등과 후미등을 위한 LED 제어 함수로 분배됩니다. distribute_brightness_sensor_input 함수는 바로 뒤에서 정의해 줍니다.

03 파일의 마지막 부분에 다음 루틴을 추가합니다.

```
brightness_input

24
25      enum {
26              DIM =300,
27              BRIGHT =700,
28      };
29
30      char light_onoff_by_brightness = ALLLIGHTOFF;
```

```
31
32          void distribute_brightness_sensor_input() {
33                  if(brightness_input_changed) {
34                          brightness_input_changed =false;
35
36                          Serial.println(light_onoff_by_brightness);
37                          Serial.println(brightness_input);
38
39                          if(light_onoff_by_brightness == ALLLIGHTOFF) {
40                                  if(brightness_input <= DIM) {
41                                          light_onoff_by_brightness=ALLLIGHTON;
42                                          light_onoff = ALLLIGHTON;
43                                          light_onoff_changed =true;
44                                  }
45                          } else if(light_onoff_by_brightness == ALLLIGHTON) {
46                                  if(brightness_input >= BRIGHT) {
47                                          light_onoff_by_brightness=ALLLIGHTOFF;
48                                          light_onoff = ALLLIGHTOFF;
49                                          light_onoff_changed =true;
50                                  }
51                          }
52                  }
53          }
```

25~28 : enum을 이용하여 상수 집합을 만들고 각 상수에 이름을 붙여줍니다. enum은 상수 집합을 만들고 각 상수에 이름을 붙여주는 방법이며, 코드에 대한 가독성을 높여주기 위해 사용합니다. 여기서는 빛센서를 통해 입력된 정수값에 대해 어둡고 밝은 경계값을 정해 이름을 붙여주고 있습니다.

26 : 정수값 300의 이름을 DIM으로 정의합니다. 300 이하는 어두운 것으로 간주합니다.

27 : 정수값 700의 이름을 BRIGHT로 정의합니다. 700 이상은 밝은 것으로 간주합니다.

30 : light_onoff_by_brightness 변수를 선언한후, ALLLIGHTOFF 상태로 초기화합니다. light_onoff_by_brightness 변수는 한 문자를 담을 수 있는 변수로 빛센서에 입력값에 따른 전조등과 후미등의 점등과 소등 상태를 저장할 수 있는 변수입니다.

32~52 : distribute_brightness_sensor_input 함수를 정의합니다.

33 : brightness_input_changed 값을 확인하여 주변 밝기가 변경된 것을 확인합니다.

34 : brightness_input_changed 값을 false로 변경하여 33~52의 재수행을 멈춥니다.

36 : Serial.println 함수를 호출하여 light_onoff_by_brightness 값을 출력합니다.

37 : Serial.println 함수를 호출하여 brightness_input 값을 출력합니다.

39 : light_onoff_by_brightness 값이 ALLLIGHTOFF인 상태에서

40 : brightness_input 값이 DIM보다 작거나 같으면, 즉 어두우면,

41 : light_onoff_by_brightness 값을 ALLLIGHTON 상태로 변경하고,

42 : light_onoff 값을 ALLLIGHTON 상태로 변경하고,

43 : light_onoff_changed 값을 true로 설정하여 전조등과 후미등을 켭니다.

45 : light_onoff_by_brightness 값이 ALLLIGHTON인 상태에서

46 : brightness_input 값이 BRIGHT보다 크거나 같으면, 즉 밝으면,

47 : light_onoff_by_brightness 값을 ALLLIGHTOFF 상태로 변경하고,

48 : light_onoff 값을 ALLLIGHTOFF 상태로 변경하고,

49 : light_onoff_changed 값을 true로 설정하여 전조등과 후미등을 끕니다.

04 [툴] 메뉴를 이용하여 보드, 포트를 다음과 같이 선택합니다.

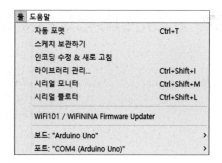

05 슬라이드 스위치를 USB 모드로 변경합니다.

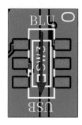

06 컴파일과 업로드를 수행합니다.

07 빛 센서를 가려 어둡게 한 후, 전조등, 후미등이 켜지는지 확인합니다. 또 빛 센서 주변을 밝게 한 후, 전조등, 후미등이 꺼지는지 확인합니다.

04 경적 기능 추가하기

여기서는 피에조 부저를 추가한 후, 경적 기능을 추가해보도록 합니다.

04-1 피에조 부저 살펴보기

피에조 부저는 압전 효과와 반 압전 효과 양쪽을 이용할 수 있는 압전 부품입니다. 이것은 소리를 감지하거나 생성할 수 있다는 의미입니다. 전형적인 피에조 부저는 철판 위에 놓인 세라믹 웨어퍼로 구성됩니다. 세라믹 웨이퍼는 피에조 결정체를 담고 있습니다. 그리고 피에조 결정체는 진동에 민감합니다. 압전 효과란 압력과 같은 역학적 힘이 피에조 소자를 건너가는 전하의 생성을 이끌어 내는 것을 나타냅니다. 압력파는 세라믹 웨이퍼가 늘었다 줄었다 하게 해줍니다. 철판과 함께 세라믹 웨이퍼는 진동을 발생시키고 그 결과 발생한 피에조 결정체의 변형은 측정 가능한 전하를 생성해 냅니다.

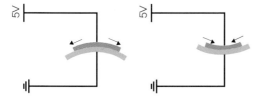

반압전 효과는 전위차가 적용되었을 때 압력 파형과 같은 역학적 힘을 생성하는 피에조 소자 효과를 나타냅니다. 전위차에 자극을 받아 피에조 소자는 다시 줄었다 늘었다 하고 그 결과 나타난 진동은 음파를 생성해 냅니다. 그 음파는 소리가 울려 퍼지는 속이 빈 원뿔 모양의 물건에 의해 증폭될 수도 있습니다. 다른 음파의 생성은 진동 주파수에 따라 결정됩니다.

가장 흔히 사용되는 피에조 부저는 플라스틱에 쌓인 형태로 나옵니다. 그러나 세라믹 피에조 부저 판으로 나올 수도 있습니다.

▲ 세라믹 피에조 부저

피에조 부저는 가전 제품이나, 산업 현장 기계, 심지어는 음악 악기 등에서 사용됩니다. 화재 경보 시스템이나 접근 제어 시스템에서 피에조 부저 소리를 들을 수도 있습니다. 또, 세탁기나 건조기에 서 작업이 끝난 것을 알리기 위해 부저를 사용하기도 합니다. 어떤 경우엔 어쿠스틱 기타에 붙어 공 명하는 기타 몸체의 진동을 전기적인 신호로 바꾸는 픽업으로 붙어 있는 것을 볼 수도 있습니다.
코딩박스 쉴드에서 피에조 부저는 아두이노의 17번(=A3) 핀과 연결되어 있습니다.

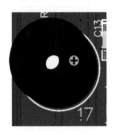

04-2 부저 테스트 코딩하기

여기서는 경적 기능을 수행할 부저에 대한 테스트 루틴을 작성해 봅니다.

delay 함수를 이용하여 부저 울리기

먼저 delay 함수를 이용하여 부저를 울려보도록 합니다.

01 [새 파일]을 하나 생성한 후, _25buzzer_test_with_delay로 저장합니다.

파일	편집	스케치	툴	도움말
새 파일			Ctrl+N	

02 다음과 같이 예제를 작성합니다.

```
_25buzzer_test_with_delay
01    const int horn_pin =17; // A3
02
03    void setup() {
```

```
04                pinMode(horn_pin, OUTPUT);
05
06                for(int cnt =0;cnt <3;cnt ++) {
07                        for(int i =0; i <100; i ++) {
08                                digitalWrite(horn_pin, HIGH);
09                                delay(1);
10                                digitalWrite(horn_pin, LOW);
11                                delay(1);
12                        }
13
14                        delay(100);
15
16                        for(int i =0; i <150; i ++){
17                                digitalWrite(horn_pin, HIGH);
18                                delay(1);
19                                digitalWrite(horn_pin, LOW);
20                                delay(1);
21                        }
22
23                        delay(2000);
24                }
25        }
26
27        void loop() {
28
29        }
```

01 : horn_pin 상수에 17번 핀을 할당합니다. 17번 핀은 A3 아날로그 입력 핀을 디지털 핀으로 사용할 때 사용하는 핀 번호입니다. horn_pin은 경적을 위한 부저 출력에 사용됩니다.

04 : horn_pin을 출력으로 설정합니다.

08 : 100회 동안

09 : horn_pin을 HIGH로 설정하고,

10 : 1 밀리초(=0.001초)간 지연을 주고,

11 : horn_pin을 LOW로 설정하고

12 : 1 밀리초(=0.001초)간 지연을 줍니다. 이렇게 하면 약 200밀리초 동안 100개의 파형이 나오게 됩니다. 즉, 0.2초 동안 500Hz에 해당하는 주파수가 나옵니다.

15 : 100 밀리초(=0.1초)간 지연을 줍니다.

17 : 150회 동안

18 : horn_pin을 HIGH로 설정하고,

19 : 1 밀리초(=0.001초)간 지연을 주고,

20 : horn_pin을 LOW로 설정하고

21 : 1 밀리초(=0.001초)간 지연을 줍니다. 이렇게 하면 약 300밀리초 동안 100개의 파형이 나오게 됩니다. 즉, 0.3초 동안 500Hz에 해당하는 주파수가 나옵니다.

24 : 2000 밀리초(=2초)간 지연을 줍니다.

※ 아날로그 입력 핀을 디지털 입출력 핀으로 사용하고자 할 경우엔 다른 디지털 핀들과 같은 방식으로 사용하며 핀 번호는 다음과 같습니다.
A0는 핀 14번으로 사용할 수 있습니다.
A1는 핀 15번으로 사용할 수 있습니다.
A2는 핀 16번으로 사용할 수 있습니다.
A3는 핀 17번으로 사용할 수 있습니다.
A4는 핀 18번으로 사용할 수 있습니다.
A5는 핀 19번으로 사용할 수 있습니다.

03 [툴] 메뉴를 이용하여 보드, 포트를 다음과 같이 선택합니다.

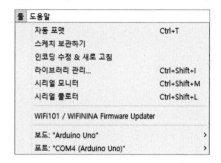

04 슬라이드 스위치를 USB 모드로 변경합니다.

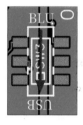

05 컴파일과 업로드를 수행합니다.

06 부저가 울리는 것을 확인합니다.

millis 함수를 이용하여 부저 울리기

이전 예제는 프로젝트에 끼워 넣기에는 적당하지 않습니다. 프로젝트에서 다른 루틴을 간섭하지 않기 위해서는 millis 함수를 사용해야 합니다. 여기서는 millis 함수를 이용하여 부저를 울려보도록 합니다.

01 [새 파일]을 하나 생성한 후, _26buzzer_test_with_millis로 저장합니다.

파일	편집 스케치 툴 도움말
새 파일	Ctrl+N

02 다음과 같이 예제를 작성합니다.

```
_26buzzer_test_with_millis
01    const int horn_pin =17; // A3
02
03    void setup() {
04            pinMode(horn_pin, OUTPUT);
05    }
06
07    void loop() {
08            static unsigned long prev_millis =0;
09            const unsigned long interval_millis =1;
10            static int horn_cnt =0;
11            static int cnt =0;
12
13            if(cnt >2) return;
14
15            unsigned long curr_millis = millis();
16            if(curr_millis - prev_millis >= interval_millis) {
17                    prev_millis = curr_millis;
18
19                    horn_cnt ++;
20                    if(horn_cnt ==1000) {
21                            horn_cnt =0;
22                            cnt ++;
23                    } else if(horn_cnt <200) {
24                            digitalWrite(horn_pin, horn_cnt%2);
25                    } else if((200 <= horn_cnt) && (horn_cnt <300)) {
26                            // do nothing
27                    } else if((300 <=horn_cnt) && (horn_cnt <600)) {
28                            digitalWrite(horn_pin, horn_cnt%2);
29                    } else if((600 <=horn_cnt) && (horn_cnt <1000)) {
30                            // do nothing
31                    }
32            }
33    }
```

08 : prev_millis 정적 변수를 선언합니다.

09 : interval_millis 상수를 선언합니다.

prev_millis 변수와 interval_millis 상수는 같이 사용되어 1 밀리초 간격으로 부저 출력을 위해 사용하는 변수입니다. prev_millis 변수는 0, 1, 2, ...과 같은 값을 시간에 따라 차례로 저장하게 됩니다.

10 : horn_cnt 정적 변수를 선언합니다. horn_cnt 변수는 1 밀리초 간격으로 1씩 증가하며 부저의 음을 결정하기 위한 사각파형을 만드는데 사용하는 변수입니다.

12 : mills 함수를 호출하여 현재 시간을 얻어냅니다. millis 함수는 아두이노의 동작이 시작된 이후의 밀리초 단위의 시간을 알려줍니다.

13 : 현재 시간이 이전 시간으로부터 1 밀리초가 지났다면

14 : 이전 시간을 현재 시간으로 변경합니다.

16 : horn_cnt 값을 하나 증가시킵니다.

17 : horn_cnt 값이 1000이면

18 : horn_cnt 값을 0으로 초기화합니다.

19 : horn_cnt 값이 200보다 작으면

20 : 부저를 horn_cnt 값에 따라 0 또는 1 값을 주게 됩니다. (horn_cnt%2)는 horn_cnt 값을 2로 나눈 나머지를 의미합니다. 따라서 horn_cnt 값에 따라 0 또는 1이 되며, 0은 LOW를 1은 HIGH 값과 같게 되어 부저로 해당 값을 내보내게 됩니다.

21 : horn_cnt 값이 200보다 크거나 같고 300보다 작으면

22 : 부저에 대해 아무 동작도 수행하지 않습니다.

23 : horn_cnt 값이 300보다 크거나 같고 600보다 작으면

24 : 부저를 horn_cnt 값에 따라 0 또는 1 값을 주게 됩니다.

25 : horn_cnt 값이 600보다 크거나 같고 1000보다 작으면

26 : 부저에 대해 아무 동작도 수행하지 않습니다.

03 [툴] 메뉴를 이용하여 보드, 포트를 다음과 같이 선택합니다.

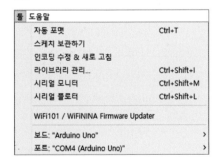

04 슬라이드 스위치를 USB 모드로 변경합니다.

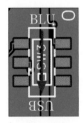

05 컴파일과 업로드를 수행합니다.

06 부저가 주기적으로 울리는 것을 확인합니다.

04-3 경적 기능 추가하기

여기서는 프로젝트에 경적 기능을 추가해 보도록 합니다.

01 project_remote_rc_car_10을 project_remote_rc_car_11로 저장한 후, 실습을 진행합니다.

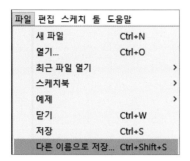

※ 제공되는 소스를 사용하여 실습할수도 있습니다.

02 다음과 같이 예제를 수정합니다.

```
project_remote_rc_car_11

01      void setup() {
02              remote_setup();
03              motor_setup();
04              light_setup();
05              horn_setup();
06      }
07
08      void loop() {
09              remote_loop();
10              motor_loop();
11              light_loop();
12              brightness_sensor_loop();
13              horn_loop();
14      }
```

05 : horn_setup 함수를 호출하여 경적을 위한 부저 출력를 설정합니다. horn_setup 함수는 바로 뒤에서 정의해 줍니다.
13 : horn_loop 함수를 호출하여 경적 소리를 처리합니다. horn_loop 함수는 바로 뒤에서 정의해 줍니다.

03 경적 제어를 위해 horn_control 파일을 하나 추가합니다. 다음과 같이 [새 탭] 메뉴를 선택합니다.

04 추가할 파일의 이름으로 horn_control을 입력한 후, [확인] 버튼을 누릅니다.

05 다음과 같이 horn_control 파일이 추가된 것을 확인합니다.

| project_remote_rc_car_11 | brightness_input | horn_control | light_control | wheel_control |

06 다음과 같이 예제를 추가합니다.

```
horn_control
01      const int horn_pin =17; // A3
02
03      void horn_setup() {
04              pinMode(horn_pin, OUTPUT);
05      }
06
07      void horn_loop() {
08              process_horn_output();
09      }
```

01 : horn_pin 상수에 17번 핀을 할당합니다. 17번 핀은 A3 아날로그 입력 핀을 디지털 핀으로 사용할 때 사용하는 핀 번호입니다. horn_pin은 경적을 위한 부저 출력에 사용됩니다.

03~05 : horn_setup 함수를 정의합니다.

04 : horn_pin을 출력으로 설정합니다.

07~09 : horn_loop 함수를 정의합니다.

08 process_horn_output 함수를 호출하여 경적을 위한 부저 출력을 처리합니다. process_horn_output 함수는 바로 뒤에서 정의해 줍니다.

07 다음과 같이 경적을 위한 enum 상수를 추가합니다.

```
project_remote_rc_car_11
87
88      enum {
89              HORN = ' V ' ,
90      }; /*HORN*/
```

88~90 : enum을 이용하여 상수 집합을 만들고 각 상수에 이름을 붙여줍니다. enum은 상수 집합을 만들고 각 상수에 이름을 붙여주는 방법이며, 코드에 대한 가독성을 높여주기 위해 사용합니다. 여기서는 경적을 울리기 위해 입력된 문자에 이름을 붙여주고 있습니다.

89 : 대문자 'V' 문자의 이름을 HORN으로 정의합니다.

08 다음과 같이 예제를 수정합니다.

```
project_remote_rc_car_11
091
092     #define MAX_SPEED 255
093     #define MIN_SPEED 0
```

```
094
095     char driving_action = STOP;
096     bool driving_action_changed =false;
097
098     char driving_speed_input = SPEED_0;
099     int driving_speed = MIN_SPEED;
100     bool driving_speed_changed =false;
101
102     char light_onoff = ALLLIGHTOFF;
103     bool light_onoff_changed =false;
104
105     char light_blink;
106     bool light_blink_changed =false;
107
108     bool horn_state_changed =false;
109
110     void distribute_remote_input() {
111             if(remote_input_changed) {
112                     remote_input_changed =false;
113
114                     // 대문자를 소문자로 변경
115                     if(remote_input == GOFORWARDBLUETOOTH ||
116                     remote_input == GOBACKWARDBLUETOOTH ||
117                     remote_input == TURNLEFTBLUETOOTH ||
118                     remote_input == TURNRIGHTBLUETOOTH ||
119                     remote_input == STOPBLUETOOTH ||
120                     remote_input == GOFORWARDLEFTBLUETOOTH ||
121                     remote_input == GOFORWARDRIGHTBLUETOOTH ||
122                     remote_input == GOBACKWARDLEFTBLUETOOTH ||
123                     remote_input == GOBACKWARDRIGHTBLUETOOTH) {
124                             remote_input = remote_input - 'A' + 'a';
125                     }
126
127                     if(remote_input == GOFORWARD ||
128                     remote_input == GOBACKWARD ||
129                     remote_input == TURNLEFT ||
130                     remote_input == TURNRIGHT ||
131                     remote_input == STOP ||
132                     remote_input == GOFORWARDLEFT ||
133                     remote_input == GOFORWARDRIGHT ||
134                     remote_input == GOBACKWARDLEFT ||
135                     remote_input == GOBACKWARDRIGHT) {
136                             driving_action = remote_input;
137                             driving_action_changed =true;
138                     } else if(remote_input == SPEED_0 ||
139                     remote_input == SPEED_1 ||
```

```
140                    remote_input == SPEED_2 ||
141                    remote_input == SPEED_3 ||
142                    remote_input == SPEED_4 ||
143                    remote_input == SPEED_5 ||
144                    remote_input == SPEED_6 ||
145                    remote_input == SPEED_7 ||
146                    remote_input == SPEED_8 ||
147                    remote_input == SPEED_9 ||
148                    remote_input == SPEED_10) {
149                            driving_speed_input = remote_input;
150                            driving_speed_changed =true;
151                    } else if(remote_input == FRONTLIGHTON ||
152                    remote_input == FRONTLIGHTOFF ||
153                    remote_input == REARLIGHTON ||
154                    remote_input == REARLIGHTOFF ||
155                    remote_input == ALLLIGHTON ||
156                    remote_input == ALLLIGHTOFF) {
157                            light_onoff = remote_input;
158                            light_onoff_changed =true;
159                    } else if(remote_input == REARLEFTBLINK ||
160                    remote_input == REARRIGHTBLINK) {
161                            light_blink = remote_input;
162                            light_blink_changed =true;
163                    } else if(remote_input == HORN) {
164                            horn_state_changed =true;
165                    }
166            }
167    }
```

108 : horn_state_changed 변수를 선언한 후, false로 초기화합니다. horn_state_changed 변수는 true나 false 값을 저장할 수 있는 변수로 경적을 울리고자 할 경우 사용됩니다.

163 : remote_input 값이 HORN 이면

164 : horn_state_changed 값을 true로 변경하여 경적을 울려야 한다는 것을 알립니다.

09 다음 루틴을 파일의 끝에 추가합니다.

```
horn_output

10
11        void process_horn_output() {
12                static unsigned long prev_millis =0;
13                const unsigned long interval_millis =1;
14                static int horn_cnt =0;
15
16                if(horn_state_changed) {
17                        unsigned long curr_millis = millis();
```

```
18                              if(curr_millis - prev_millis >= interval_millis) {
19                                      prev_millis = curr_millis;
20
21                                      horn_cnt ++;
22                                      if(horn_cnt ==1000) {
23                                              horn_cnt =0;
24                                              horn_state_changed =false;
25                                      } else if(horn_cnt <200) {
26                                              digitalWrite(horn_pin, horn_cnt%2);
27                                      } else if((200<= horn_cnt) && (horn_cnt <300)) {
28                                              // do nothing
29                                      } else if((300<=horn_cnt) && (horn_cnt <600)) {
30                                              digitalWrite(horn_pin, horn_cnt%2);
31                                      } else if((600<=horn_cnt) && (horn_cnt <1000)) {
32                                              // do nothing
33                                      }
34                              }
35                      }
36      }
```

11~36 : process_horn_output 함수를 정의합니다.

12 : prev_millis 정적 변수를 선언합니다.

13 : interval_millis 상수를 선언합니다.

prev_millis 변수와 interval_millis 상수는 같이 사용되어 1 밀리초 간격으로 부저 출력을 위해 사용하는 변수입니다. prev_millis 변수는 0, 1, 2, …과 같은 값을 시간에 따라 차례로 저장하게 됩니다.

14 : horn_cnt 정적 변수를 선언합니다. horn_cnt 변수는 1 밀리초 간격으로 1씩 증가하며 부저의 음을 결정하기 위한 사각파형을 만드는데 사용하는 변수입니다.

16 : horn_state_changed 값을 확인하여 경적 상태가 변경된 것을 확인합니다.

17 : mills 함수를 호출하여 현재 시간을 얻어냅니다. millis 함수는 아두이노의 동작이 시작된 이후의 밀리초 단위의 시간을 알려줍니다.

018 : 현재 시간이 이전 시간으로부터 1 밀리초가 지났다면

19 : 이전 시간을 현재 시간으로 변경합니다.

21 : horn_cnt 값을 하나 증가시킵니다.

22 : horn_cnt 값이 1000이면

23 : horn_cnt 값을 0으로 초기화합니다.

24 : horn_state_changed 값을 false로 변경하여 16~35의 재수행을 멈춥니다.

25 : horn_cnt 값이 200보다 작으면

26 : 부저를 horn_cnt 값에 따라 0 또는 1 값을 주게 됩니다. (horn_cnt%2)는 horn_cnt 값을 2로 나눈 나머지를 의미합니다. 따라서 horn_cnt 값에 따라 0 또는 1이 되며, 0은 LOW를 1은 HIGH 값과 같게 되어 부저로 해당 값을 내보내게 됩니다.

27 : horn_cnt 값이 200보다 크거나 같고 300보다 작으면

28 : 부저에 대해 아무 동작도 수행하지 않습니다.

29 : horn_cnt 값이 300보다 크거나 같고 600보다 작으면

30 : 부저를 horn_cnt 값에 따라 0 또는 1 값을 주게 됩니다.

31 : horn_cnt 값이 600보다 크거나 같고 1000보다 작으면

32 : 부저에 대해 아무 동작도 수행하지 않습니다.

10 [툴] 메뉴를 이용하여 보드, 포트를 다음과 같이 선택합니다.

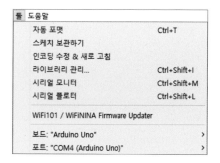

11 슬라이드 스위치를 USB 모드로 변경합니다.

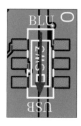

12 컴파일과 업로드를 수행합니다.

13 슬라이드 스위치를 BLU 모드로 변경합니다.

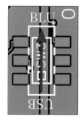

14 [Arduino Bluetooth RC Car] 앱을 실행시킨 후, RC카와 연결합니다.

V 문자를 눌러 경적이 울리는 것을 확인합니다. 동시에 주행, 조향 테스트를 수행합니다.

05 조향 기능 추가하기

여기서는 물체 감지시 우회하고자 하는 방향을 보기 위해 필요한 서보 모터 방향 제어 기능을 추가해 보도록 합니다. 서보 모터에는 뒤에서 살펴볼 초음파 센서를 부착하게 됩니다.

05-1 서보 모터 살펴보기

다음은 SG90 서보 모터입니다.

▲ SG90 서보 모터

서보 모터를 분해하면 다음과 같습니다.
서보모터는 크게 DC 모터(❶), 기어 시스템(❷), 가변 저항(❸), 제어 기판(❹)으로 구성됩니다.

▲ SG90 서보 모터를 분해한 상태

다음은 SG90 서보 모터를 아래쪽에서 살펴본 그림입니다.

제어 기판(❶), DC 모터(❷), 가변 저항(❸)을 볼 수 있습니다.

▲ SG90 서보 모터 분해 상태_아래에서 바라본 상태와 위에서 바라본 상태

서보 모터의 동작 원리를 다음 그림을 통해서 살펴보도록 합니다.

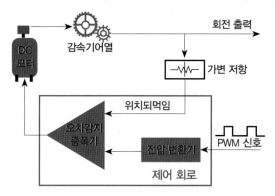

서보의 제어 기판은 PWM 파형을 입력 받아 서보 모터의 각도를 조절하게 됩니다. 외부에서 들어온 PWM 신호는 내부 제어 회로로 전달됩니다. 내부 제어 회로는 PWM 신호를 전압으로 변환한 후 오차 감지 증폭기를 통해 DC 모터의 축을 돌립니다. DC 모터의 고속 회전은 감속기어를 통해 감속되어 외부로는 감속된 회전이 출력됩니다. 동시에 내부적으로는 외부 회전축이 움직인 각도만큼 가변 저항의 축을 움직여, 가변 저항의 값을 바꾸게 됩니다. 이 가변 저항값이 내부 제어 회로로 다시 전달되어, 오차 감지 증폭기를 통해 외부 PWM 신호와 비교되며, 오차가 있을 경우 추가적인 회전을 하게됩니다.

서보 모터 파형의 주기는 일반적으로 20 ms이며, 따라서 주파수는 50Hz입니다. 입력 파형의 HIGH 값은 1~2ms 사이의 값을 갖습니다.

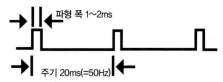

서보 모터는 입력 파형의 HIGH 값에 따라 움직이는 각도가 달라집니다.

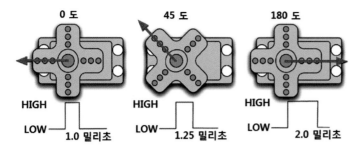

입력 파형의 HIGH 값이 1.0 밀리초일 경우엔 0 도, 2.0 밀리초일 경우엔 180 도가 되며, 나머지 각도는 1.0 밀리초와 2.0 밀리초 사이에서 비례적으로 결정됩니다.

우리 책에서는 다음과 같은 서보 모터를 사용합니다.

서보 모터의 경우도 DC 모터와 같이 배터리를 통해 구동되어야 합니다. 따라서 서보 모터를 구동시키기 위해서는 배터리를 장착한 후, 다음 스위치를 [모터켜기] 위치로 이동시켜야 합니다.

서보모터는 코딩박스의 다음 부분을 통해 제어합니다.

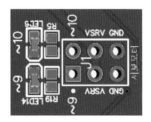

~9, ~10번 핀을 통해 2개의 서보 모터를 제어할 수 있습니다. ~10번 핀의 경우 우측 후방 DC 모터와 핀을 공유하기 때문에 동시에 사용할 수 없습니다. 서보 모터 연결시 핀의 위치에 주의합니다.

05-2 서보 모터 테스트 코딩하기

여기서는 서보 모터를 회전을 위한 대한 테스트 루틴을 작성해 봅니다.

delay 함수를 이용하여 서보 모터 돌리기

먼저 delay 함수를 이용하여 서보 모터를 돌려보도록 합니다.

01 [새 파일]을 하나 생성한 후, _27servo_test_with_delay로 저장합니다.

02 다음과 같이 예제를 작성합니다.

```
_27servo_test_with_delay

01    #include <Servo.h>
02
03    Servo face_direction_servo;
04    const int servo_pin =9;
05
06    void setup() {
07
08            face_direction_servo.attach(servo_pin);
09            face_direction_servo.write(90);
10            delay(1000);
11
12    }
13
14    void loop() {
15
16            for(int angle =0; angle <180; angle ++) {
17                    face_direction_servo.write(angle);
18                    delay(10);
19            }
20
21            for(int angle =180; angle >0; angle --) {
22                    face_direction_servo.write(angle);
23                    delay(10);
24            }
25
26    }
```

01 : Servo 클래스를 사용하기 위해 Servo.h 파일을 포함시킵니다.

03 : 서보 모터를 제어하기 위해 Servo 객체인 face_direction_servo를 생성합니다. 객체는 관련된 변수를 묶은 집합변수로 생각하시면 이해하기 쉽습니다.

04 : servo_pin 상수에 9번 핀을 할당합니다. servo_pin은 서보 모터 회전을 위한 출력에 사용되며, face_direction_servo 객체가 사용하게 됩니다. 서보 모터에는 초음파 거리 센서가 부착되어 물체 감지시 우회하기 위해 오른쪽과 왼쪽의 거리를 감지하기위해 회전하는 기능을 수행합니다.

06~10 : setup 함수를 정의합니다.

07 : face_direction_servo.attach 함수를 호출하여 servo_pin을 face_direction_servo 객체에 할당합니다.

08 : face_direction_servo.write 함수를 호출하여 서보의 각도롤 90도로 맞춥니다.

09 : 1000 밀리초(=1초)간 지연을 줍니다.

12~21 : loop 함수를 정의합니다.

13 : 0도부터 179도까지

14 : face_direction_servo.write 함수를 호출하여 서보를 해당 각도에 맞춰 회전시킵니다.

15 : 10 밀리초(=0.01초)간 지연을 줍니다.

17 : 180도부터 1도까지

18 : face_direction_servo.write 함수를 호출하여 서보를 해당 각도에 맞춰 회전시킵니다.

19 : 10 밀리초(=0.01초)간 지연을 줍니다.

03 [툴] 메뉴를 이용하여 보드, 포트를 다음과 같이 선택합니다.

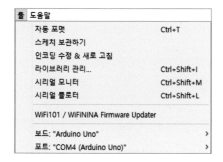

04 슬라이드 스위치를 USB 모드로 변경합니다.

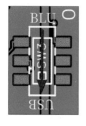

05 컴파일과 업로드를 수행합니다.

06 서보 모터가 회전하는 것을 확인합니다.

millis 함수를 이용하여 서보 모터 돌리기

이전 예제는 프로젝트에 끼워 넣기에는 적당하지 않습니다. 프로젝트에서 다른 루틴을 간섭하지 않기 위해서는 millis 함수를 사용해야 합니다. 여기서는 millis 함수를 이용하여 서보 모터를 돌려보도록 합니다.

01 [새 파일]을 하나 생성한 후, _28servo_test_with_millis로 저장합니다.

02 다음과 같이 예제를 작성합니다.

```
_28servo_test_with_millis
01      #include <Servo.h>
02
03      Servo face_direction_servo;
04      const int servo_pin =9;
05
06      void setup() {
07
08              face_direction_servo.attach(servo_pin);
09              face_direction_servo.write(90);
10              delay(1000);
11
12      }
13
14      enum {
15              FACING_LEFT,
16              FACING_RIGHT,
17      };
18
19      void loop() {
20
21              static unsigned long prev_millis =0;
22              static unsigned long interval_millis =10;
23              static unsigned long facing = FACING_RIGHT;
24              static unsigned long facing_angle =0;
25
26              unsigned long curr_millis = millis();
27              if(curr_millis - prev_millis >= interval_millis) {
28                      prev_millis = curr_millis;
29
30                      if(facing == FACING_RIGHT) {
31                              facing_angle ++;
32                              if(facing_angle ==150) {
33                                      facing = FACING_LEFT;
34                              }
```

```
35                      } else if(facing == FACING_LEFT) {
36                              facing_angle --;
37                              if(facing_angle ==30) {
38                                      facing = FACING_RIGHT;
39                              }
40                      }

42                      face_direction_servo.write(facing_angle);
43              }
44      }
```

12~15 : enum을 이용하여 상수 집합을 만들고 각 상수에 이름을 붙여줍니다. enum은 상수 집합을 만들고 각 상수에 이름을 붙여주는 방법이며, 코드에 대한 가독성을 높여주기 위해 사용합니다. 여기서는 서보의 회전방향에 대해 이름을 붙여주고 있습니다.

13 : 정수값 0의 이름을 FACING_LEFT으로 정의합니다.

14 : 정수값 1의 이름을 FACING_RIGHT로 정의합니다.

enum 상수에 특별한 정수값을 대입하지 않을 경우, 0부터 시작하게 됩니다.

18 : prev_millis 정적 변수를 선언합니다.

19 : interval_millis 상수를 선언합니다.

prev_millis 변수와 interval_millis 상수는 같이 사용되어 10 밀리초 간격으로 부저 출력을 위해 사용하는 변수입니다. prev_millis 변수는 0, 10, 20, …과 같은 값을 시간에 따라 차례로 저장하게 됩니다.

20 : facing 정적 변수를 선언합니다. facing 변수는 서보의 회전방향을 나타냅니다.

21 : facing_angle 정적 변수를 선언합니다. facing_angle 변수는 서보의 각도를 나타냅니다.

23 : millis 함수를 호출하여 현재 시간을 얻어냅니다. millis 함수는 아두이노의 동작이 시작된 이후의 밀리초 단위의 시간을 알려줍니다.

24 : 현재 시간이 이전 시간으로부터 10 밀리초가 지났다면

25 : 이전 시간을 현재 시간으로 변경합니다.

27 : facing 값이 FACING_RIGHT이면, 즉 오른쪽으로 회전중이면

28 : facing_angle 값을 1도 증가시킵니다.

29 : facing_angle 값이 150도이면

30 : facing 값을 FACING_LEFT로 변경합니다.

32 : facing 값이 FACING_LEFT이면, 즉 왼쪽으로 회전중이면

33 : facing_angle 값을 1도 감소시킵니다.

34 : facing_angle 값이 30도이면

35 : facing 값을 FACING_RIGHT로 변경합니다.

38 : face_direction_servo.write 함수를 호출하여 서보를 facing_angle 값에 맞춰 회전시킵니다.

03 [툴] 메뉴를 이용하여 보드, 포트를 다음과 같이 선택합니다.

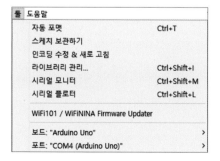

04 슬라이드 스위치를 USB 모드로 변경합니다.

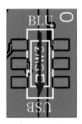

05 컴파일과 업로드를 수행합니다.

06 서보 모터가 회전하는 것을 확인합니다.

05-3 서보 모터 회전 기능 추가하기

여기서는 프로젝트에 서보 모터 회전 기능을 추가하도록 합니다.

01 project_remote_rc_car_11을 project_remote_rc_car_12로 저장한 후, 실습을 진행합니다.

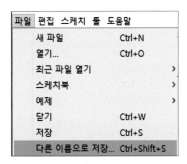

※ 제공되는 소스를 사용하여 실습할수도 있습니다.

02 다음과 같이 예제를 수정합니다.

```
_28servo_test_with_millis
01    void setup() {
02        remote_setup();
03        motor_setup();
04        light_setup();
05        horn_setup();
06        servo_setup();
07    }
```

06 : servo_setup 함수를 호출하여 서보 출력을 설정합니다. servo_setup 함수는 바로 뒤에서 정의해 줍니다.

03 서보 제어를 위해 servo_control 파일을 하나 추가합니다. 다음과 같이 [새 탭] 메뉴를 선택합니다.

04 추가할 파일의 이름으로 servo_control을 입력한 후, [확인] 버튼을 누릅니다.

새로운 파일을 위한 이름: servo_control [확인] [취소]

05 다음과 같이 servo_control 파일이 추가된 것을 확인합니다.

| project_remote_rc_car_12 | brightness_input | horn_control | light_control | servo_control | wheel_control |

06 다음과 같이 예제를 작성합니다.

```
servo_control

01    #include <Servo.h>
02
03    Servo face_direction_servo;
04    const int servo_pin =9;
05
06    void servo_setup() {
07            face_direction_servo.attach(servo_pin);
08            facing_front();
09    }
10
11    void facing_front() {
12            face_direction_servo.write(90);
13    }
14
15    void facing_left() {
16            face_direction_servo.write(150);
17    }
18
19    void facing_right() {
20            face_direction_servo.write(30);
21    }
```

01 : Servo 클래스를 사용하기 위해 Servo.h 파일을 포함시킵니다.

03 : 서보 모터를 제어하기 위해 Servo 객체인 face_direction_servo를 생성합니다. 객체는 관련된 변수를 묶은 집합변수로 생각하시면 이해하기 쉽습니다.

04 : servo_pin 상수에 9번 핀을 할당합니다. servo_pin은 서보 모터 회전을 위한 출력에 사용되며, face_direction_servo 객체가 사용하게 됩니다. 서보 모터에는 초음파 거리 센서가 부착되어 물체 감지시 우회하기 위해 오른쪽과 왼쪽의 거리를 감지하기위해 회전하는 기능을 수행합니다.

06~9 : servo_setup 함수를 정의합니다.

07 : face_direction_servo.attach 함수를 호출하여 servo_pin을 face_direction_servo 객체에 할당합니다.

08 : facing_front 함수를 호출하여 초음파 센서가 정면을 보도록 서보를 회전시킵니다. facing_front 함수는 바로 뒤에서 정의해 줍니다.

11~13 : facing_front 함수를 정의합니다.

12 : face_direction_servo.write 함수를 호출하여 서보를 90도 맞춰 회전시킵니다.

15~17 : facing_left 함수를 정의합니다.

16 : face_direction_servo.write 함수를 호출하여 서보를 150도 맞춰 회전시킵니다.

19~21 : facing_right 함수를 정의합니다.

20 : face_direction_servo.write 함수를 호출하여 서보를 30도 맞춰 회전시킵니다.

07 [툴] 메뉴를 이용하여 보드, 포트를 다음과 같이 선택합니다.

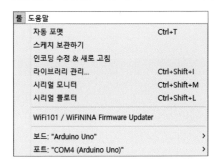

08 슬라이드 스위치를 USB 모드로 변경합니다.

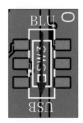

09 컴파일과 업로드를 수행합니다.

10 슬라이드 스위치를 BLU 모드로 변경합니다.

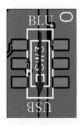

11 서보에 대한 테스트는 뒤에서 확인합니다.

06 전방 물체 감지 기능 추가하기

여기서는 초음파 센서를 추가한 후, 전방에 있는 물체를 감지하며, 물체와의 거리에 따라 RC카의 주행을 멈추는 기능을 추가해 보도록 합니다.

06-1 초음파 센서 살펴보기

다음은 본 책에서 사용하는 초음파 센서입니다.

▲ HC-SR04 초음파 센서

모델명은 HC-SR04로 측정 가능 거리는 2~400cm 사이가 됩니다.

초음파 거리 센서는 다음과 같은 방법으로 거리를 측정합니다.

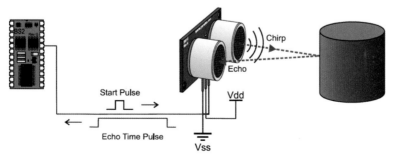

▲ HC-SR04 초음파 센서의 거리 측정 방법

한쪽에 있는 초음파 출력기에서 출발한 초음파가 물체에 닿아 반사되어 다른 한쪽에 있는 초음파 입력기에 닿게 되는데, 이 때, 물체의 거리에 따라 초음파가 도달하는 시간이 달라지게 됩니다. 초음파에 대한 출력은 초음파 센서에 부착된 제어기에서 거리 감지 시작을 알리는 시작 파형을 내보내면서 시작됩니다. 물체와의 거리는 거리에 따라 달라지는 반향 시간 파형으로 확인할 수 있습니다.

다음은 초음파 센서가 거리를 측정하기 위해 필요한 파형입니다.

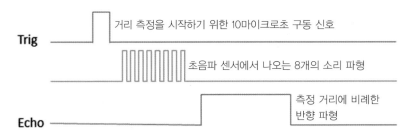

Trig 파형은 거리 감지를 시작하기 위해 아두이노에서 초음파 센서로 내보내는 신호로 10 마이크로 초 동안 HIGH 신호를 줍니다. 그러면 초음파 센서는 8개의 초음파를 40kHz의 속도로 외부로 내보내게 됩니다. 초음파 센서는 곧이어 Echo 핀을 HIGH 신호로 올려 거리 측정이 시작되었다는 것을 아두이노로 알립니다. 내보낸 초음파 신호가 반향되어 센서에 도달하여 거리 측정이 완료되면 초음파 센서는 Echo 핀을 LOW 신호로 내려 거리 측정이 완료되었다는 것을 아두이노로 알립니다.

다음은 Echo 핀의 최소, 최대 파형 길이와 파형 길이에 따라 측정된 거리를 계산하는 그림입니다.

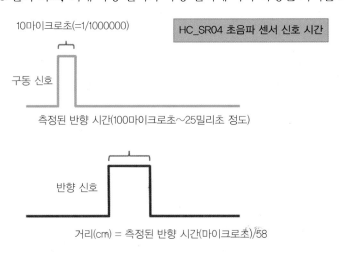

Echo 파형의 길이는 최소 100 마이크로 초에서 최대 25 밀리 초가 될 수 있습니다. 거리에 대한 계산은 cm 기준으로 마이크로 초 단위로 측정된 시간을 58로 나누면 됩니다. 예를 들어, Echo 파형의 길이가 100 마이크로 초일 경우 100/58 = 1.72 cm가 됩니다. Echo 파형의 길이가 25 밀리 초일 경우 25*1000/58 = 431.03 cm가 됩니다.

초음파 센서는 다음 부분을 통해 제어합니다. 8번핀은 초음파 센서의 trigger 핀, 13번 핀은 초음파 센서의 echo 핀에 연결하도록 합니다.

06-2 물체 감지 기능 테스트 코딩하기

여기서는 초음파 센서를 읽기 위한 테스트 루틴을 작성해 보도록 합니다. 먼저 delay 함수를 이용하여 테스트 루틴을 작성하고, 다음은 millis 함수를 이용하여 테스트 루틴을 작성하도록 합니다.

delay 함수를 이용하여 초음파 센서 읽기

먼저 delay 함수를 이용하여 초음파 센서를 읽어보도록 합니다.

01 [새 파일]을 하나 생성한 후, _29ultrasonic_sensor_test_with_delay로 저장합니다.

02 다음과 같이 예제를 작성합니다.

```
_29ultrasonic_sensor_test_with_delay
01    const int trig_pin =8;
02    const int echo_pin =13;
03
04    void setup() {
05
06        pinMode(trig_pin, OUTPUT);
07        pinMode(echo_pin, INPUT);
08
09        Serial.begin(9600);
10
11    }
12
13    void loop() {
14
15        digitalWrite(trig_pin, LOW);
16        delayMicroseconds(2);
17        digitalWrite(trig_pin, HIGH);
18        delayMicroseconds(10);
19        digitalWrite(trig_pin, LOW);
20
21        long duration = pulseIn(echo_pin, HIGH);
```

```
22              long distance = (duration /2) /29.1;
23
24              if (distance >=200 || distance <=0) {
25                      Serial.println("Out of range");
26              } else {
27                      Serial.print(distance);
28                      Serial.println(" cm");
29              }
30
31              delay(100);
32
33      }
```

01 : trig_pin 상수에 8번 핀을 할당합니다. trig_pin은 초음파 센서를 이용하여 물체와의 거리를 측정할 때 초음파 센서가 아두이노로부터 시작 신호를 받기 위한 핀입니다.

02 : echo_pin 상수에 13번 핀을 할당합니다. echo_pin은 초음파 센서를 이용하여 물체와의 거리를 측정할 때 측정된 거리 계산을 위한 핀입니다. 초음파 센서는 측정된 거리에 따라 echo_pin을 통해 사각파형의 길이를 아두이노로 전달합니다. 아두이노는 사각파형의 길이에 따라 거리를 계산할 수 있습니다.

04~09 : setup 함수를 정의합니다.

05 : trig_pin을 출력으로 설정합니다.

06 : echo_pin을 입력으로 설정합니다.

08 : 시리얼 통신속도를 9600bps로 설정합니다.

11~29 : loop 함수를 정의합니다.

12~16 : 거리 감지를 위한 시작 신호를 초음파 센서로 전달합니다.

12 : trig_pin을 LOW로 설정합니다.

13 : delayMicroseconds 함수를 호출하여 2마이크로초간 지연을 줍니다.

14 : trig_pin을 HIGH로 설정합니다.

15 : delayMicroseconds 함수를 호출하여 10마이크로초간 지연을 줍니다.

16 : trig_pin을 LOW로 설정합니다.

18 : pulseIn 함수를 호출하여 echo_pin의 HIGH 구간을 측정한 후, duration 변수에 저장합니다.

19 : duration값을 2로 나눈 후, 다시 29.1로 나누어 distance 변수에 저장합니다.

21 : distance 값이 200보다 크거나 같고 0보다 작거나 같으면

22 : Serial.println 함수를 호출하여 "Out of range" 문자열을 출력합니다.

23 : distance 값이 200보다 작고 0보다 크면

24 : Serial.print 함수를 호출하여 distance 값을 출력하고

24 : Serial.println 함수를 호출하여 " cm" 문자열을 출력합니다.

28 : 100 밀리초간 지연을 줍니다.

03 [툴] 메뉴를 이용하여 보드, 포트를 다음과 같이 선택합니다.

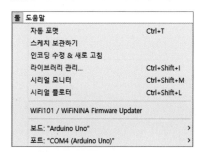

04 슬라이드 스위치를 USB 모드로 변경합니다.

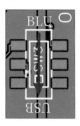

05 컴파일과 업로드를 수행합니다.

06 슬라이드 스위치를 BLU 모드로 변경합니다.

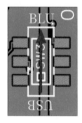

07 [시리얼 모니터] 버튼을 클릭합니다.

08 시리얼 통신 속도를 9600으로 맞추어 줍니다.

09 시리얼 모니터를 통해 센서 값을 확인합니다.

millis 함수를 이용하여 초음파 센서 읽기

이전 예제는 프로젝트에 끼워 넣기에는 적당하지 않습니다. 프로젝트에서 다른 루틴을 간섭하지 않기 위해서는 millis 함수를 사용해야 합니다. 여기서는 millis 함수를 이용하여 초음파 센서를 읽어보도록 합니다.

01 [새 파일]을 하나 생성한 후, _30ultrasonic_sensor_test_with_millis로 저장합니다.

파일	편집 스케치 툴 도움말	
새 파일		Ctrl+N

02 다음과 같이 예제를 작성합니다.

```
_30ultrasonic_sensor_test_with_millis
01    const int trig_pin =8;
02    const int echo_pin =13;
03
04    void setup() {
05            pinMode(trig_pin, OUTPUT);
06            pinMode(echo_pin, INPUT);
07
08            Serial.begin(9600);
09    }
10
11    void loop() {
12            static unsigned long prev_millis =0;
13            const unsigned long interval_millis =100;
14
15            unsigned long curr_millis = millis();
16            if(curr_millis - prev_millis >= interval_millis) {
17                    prev_millis = curr_millis;
18
19                    digitalWrite(trig_pin, LOW);
20                    delayMicroseconds(2);
21                    digitalWrite(trig_pin, HIGH);
22                    delayMicroseconds(10);
23                    digitalWrite(trig_pin, LOW);
24
25                    long duration = pulseIn(echo_pin, HIGH);
26                    long distance = (duration /2) /29.1;
27
28                    if (distance >=200 || distance <=0) {
29                            Serial.println("Out of range");
30                    } else {
31                            Serial.print(distance);
32                            Serial.println(" cm");
33                    }
34            }
35    }
```

11~35 : loop 함수를 정의합니다.

12 : prev_millis 정적 변수를 선언합니다.

13 : interval_millis 상수를 선언합니다.

prev_millis 변수와 interval_millis 상수는 같이 사용되어 100 밀리초 간격으로 부저 출력을 위해 사용하는 변수입니다. prev_millis 변수는 0, 100, 200, ...과 같은 값을 시간에 따라 차례로 저장하게 됩니다.

15 : mills 함수를 호출하여 현재 시간을 얻어냅니다. millis 함수는 아두이노의 동작이 시작된 이후의 밀리초 단위의 시간을 알려줍니다.

16 : 현재 시간이 이전 시간으로부터 100 밀리초가 지났다면

17 : 이전 시간을 현재 시간으로 변경합니다.

19~23 : 거리 감지를 위한 시작 신호를 초음파 센서로 전달합니다.

19 : trig_pin을 LOW로 설정합니다.

20 : delayMicroseconds 함수를 호출하여 2마이크로초간 지연을 줍니다.

21 : trig_pin을 HIGH로 설정합니다.

22 : delayMicroseconds 함수를 호출하여 10마이크로초간 지연을 줍니다.

23 : trig_pin을 LOW로 설정합니다.

25 : pulseIn 함수를 호출하여 echo_pin의 HIGH 구간을 측정한 후, duration 변수에 저장합니다.

26 : duration값을 2로 나눈 후, 다시 29.1로 나누어 distance 변수에 저장합니다.

28 : distance 값이 200보다 크거나 같고 0보다 작거나 같으면

29 : Serial.println 함수를 호출하여 "Out of range" 문자열을 출력합니다.

30 : distance 값이 200보다 작고 0보다 크면

31 : Serial.print 함수를 호출하여 distance 값을 출력하고

32 : Serial.println 함수를 호출하여 " cm" 문자열을 출력합니다.

03 [툴] 메뉴를 이용하여 보드, 포트를 다음과 같이 선택합니다.

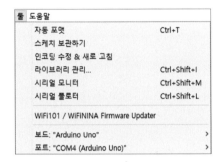

04 슬라이드 스위치를 USB 모드로 변경합니다.

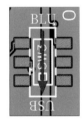

05 컴파일과 업로드를 수행합니다.

06 슬라이드 스위치를 BLU 모드로 변경합니다.

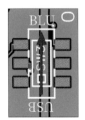

07 [시리얼 모니터] 버튼을 클릭합니다.

08 시리얼 통신 속도를 9600으로 맞추어 줍니다.

09 시리얼 모니터를 통해 센서 값을 확인합니다.

pulseIn 함수 수행 시간 살펴보기

초음파 센서를 이용하여 거리를 측정할 때 사용하는 함수는 pulseIn 함수입니다. pulseIn 함수는 측정된 거리에 따라 최대 25 밀리초가 걸릴 수 있습니다. 이 경우 delay 함수와 같은 역할을 하여 다른 루틴에 간섭을 일으킬 수 있습니다. 여기서는 pulseIn 함수의 수행시간을 측정하는 루틴을 작성해 보도록 합니다.

01 [새 파일]을 하나 생성한 후, _31pulseIn_test로 저장합니다.

파일	편집 스케치 툴 도움말
새 파일	Ctrl+N

02 이전 예제를 복사한 후, 다음과 같이 예제를 수정합니다.

```
_31pulseIn_test
01    const int trig_pin =8;
02    const int echo_pin =13;
03
04    void setup() {
05            pinMode(trig_pin, OUTPUT);
06            pinMode(echo_pin, INPUT);
07
08            Serial.begin(9600);
09    }
10
11    void loop() {
12            static unsigned long prev_millis =0;
13            const unsigned long interval_millis =100;
14
15            unsigned long curr_millis = millis();
16            if(curr_millis - prev_millis >= interval_millis) {
```

```
17                    prev_millis = curr_millis;
18
19                    digitalWrite(trig_pin, LOW);
20                    delayMicroseconds(2);
21                    digitalWrite(trig_pin, HIGH);
22                    delayMicroseconds(10);
23                    digitalWrite(trig_pin, LOW);
24
25                    unsigned long t_begin = micros();
26                    long duration = pulseIn(echo_pin, HIGH);
27                    unsigned long t_end = micros();
28                    Serial.print("echo time length : ");
29                    Serial.print(t_end - t_begin);
30                    Serial.println(" us ");
31
32                    long distance = (duration /2) /29.1;
33
34                    if (distance >=200 || distance <=0) {
35                            Serial.println("Out of range");
36                    } else {
37                            Serial.print(distance);
38                            Serial.println(" cm ");
39                    }
40            }
41    }
```

25 : micros 함수를 호출하여 현재 시간을 얻어내어 t_begin 변수에 저장합니다. micros 함수는 아두이노의 동작이 시작
된 이후의 마이크로초 단위의 시간을 알려줍니다.

27 : micros 함수를 호출하여 현재 시간을 얻어내어 t_end 변수에 저장합니다.

28 : Serial.print 함수를 호출하여 "echo time length : " 문자열을 화면에 출력합니다.

29 : Serial.print 함수를 호출하여 (t_end – t_begin) 값을 화면에 출력합니다.

30 : Serial.println 함수를 호출하여 " us" 문자열을 화면에 출력합니다.

03 [툴] 메뉴를 이용하여 보드, 포트를 다음과 같이 선택합니다.

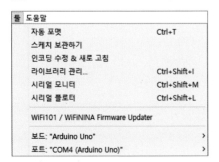

04 슬라이드 스위치를 USB 모드로 변경합니다.

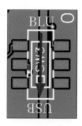

05 컴파일과 업로드를 수행합니다.

06 슬라이드 스위치를 BLU 모드로 변경합니다.

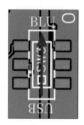

07 [시리얼 모니터] 버튼을 클릭합니다.

08 시리얼 통신 속도를 9600으로 맞추어 줍니다.

9600 보드레이트 ∨	출력 지우기

09 pulseIn 함수의 수행 속도가 거리에 따라 변하는 것을 확인합니다.

PinChangeInterrupt 라이브러리 설치하기

앞에서 발생한 문제를 Pin Change 인터럽트를 이용하여 해결해 보도록 합니다. Pin Change 인터럽트를 사용하기 위해서 먼저 PinChangeInterrupt 라이브러리를 설치합니다.

01 [스케치]－－[라이브러리 포함하기]－－[라이브러리 관리…] 메뉴를 선택합니다.

02 다음과 같이 [PinChangeInterrupt] 라이브러리를 검색합니다.

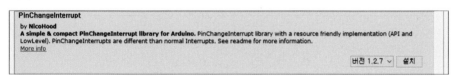

03 다음과 같이 [PinChangeInterrupt] 라이브러리를 확인한 후, [설치] 버튼을 눌러 설치를 진행합니다.

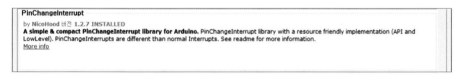

04 다음과 같이 설치된 것을 확인합니다.

05 설치가 끝나면 [닫기] 버튼을 누릅니다.

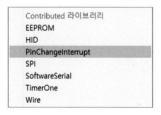

06 [스케치]－－[라이브러리 포함하기] 메뉴를 선택하여 설치가 되었는지 확인합니다.

Pin Change 인터럽트 사용하기

01 [새 파일]을 하나 생성한 후, _32ultrasonic_sensor_test_with_pcint로 저장합니다.

02 다음과 같이 예제를 작성합니다.

```
_32ultrasonic_sensor_test_with_pcint

01      #include <PinChangeInterrupt.h>
02
03      const int trig_pin =8;
04      const int echo_pin =13;
05
06      void setup() {
07              pinMode(trig_pin, OUTPUT);
08              pinMode(echo_pin, INPUT);
09
10              attachPCINT(digitalPinToPCINT(echo_pin), echoIsr, CHANGE);
11
12              Serial.begin(9600);
13      }
14
15      unsigned long echo_duration =0;
16
17      void echoIsr(void) {
18              static volatile unsigned long echo_begin =0;
19              static volatile unsigned long echo_end =0;
20
21              unsigned int echo_pin_state = digitalRead(echo_pin);
22
23              if(echo_pin_state == HIGH) {
24                      echo_begin = micros();
25              } else {
26                      echo_end = micros();
27                      echo_duration = echo_end - echo_begin;
28              }
29      }
30
31      void loop() {
32              static unsigned long prev_millis =0;
33              const unsigned long interval_millis =20;
34
35              unsigned long curr_millis = millis();
36              if(curr_millis - prev_millis >= interval_millis) {
```

```
37                      prev_millis = curr_millis;
38
39                      if(echo_duration ==0) { // triggering
40                              digitalWrite(trig_pin, LOW);
41                              delayMicroseconds(2);
42                              digitalWrite(trig_pin, HIGH);
43                              delayMicroseconds(10);
44                              digitalWrite(trig_pin, LOW);
45                      } else {
46                              unsigned long distance = echo_duration /58;
47                              if (distance >=200 || distance <=0) {
48                                      Serial.println("Out of range");
49                              } else {
50                                      Serial.print(distance);
51                                      Serial.println(" cm");
52                              }
53
54                              echo_duration =0;
55                      }
56              }
57      }
```

01 : 핀 신호 변화 인터럽트를 사용하기 위해 PinChangeInterrupt.h 파일을 포함시킵니다.

06~13 : setup 함수를 정의해 줍니다.

10 : attachPCINT 함수를 호출하여 echo_pin의 신호가 변경되면, 즉 LOW에서 HIGH로 또는 HIGH에서 LOW로 신호가 변경되면 echoIsr 함수가 호출되도록 echoIsr 함수를 등록합니다. digitalPinToPCINT 함수는 핀번호에 해당하는 인터럽트 번호를 알려주는 함수입니다.

15 : echo_duration 변수를 선언합니다. echo_duration 변수는 echo_pin을 통해 전달되는 파형의 HIGH 구간의 길이 값을 저장하는 역할을 합니다.

17~29 : echoIsr 함수를 정의합니다.

18 : echo_begin 변수를 선언합니다. echo_begin 변수는 echo_pin을 통해 전달되는 파형의 HIGH 구간의 시작시간을 저장하는 역할을 합니다.

19 : echo_end 변수를 선언합니다. echo_end 변수는 echo_pin을 통해 전달되는 파형의 HIGH 구간의 끝시간을 저장하는 역할을 합니다.

21 : digitalRead 함수를 호출하여 echo_pin 값을 읽은 후, echo_pin_state 변수에 저장합니다. echo_pin_state 변수는 HIGH 또는 LOW 값을 가지게 됩니다.

23 : echo_pin_state 값이 HIGH이면

24 : micros 함수를 호출하여 현재 시간을 얻어내어 echo_begin 변수에 저장합니다. micros 함수는 아두이노의 동작이 시작된 이후의 마이크로초 단위의 시간을 알려줍니다.

27 : micros 함수를 호출하여 현재 시간을 얻어내어 t_end 변수에 저장합니다.

25 : echo_pin_state 값이 HIGH가 아니면, 즉 LOW이면

26 : micros 함수를 호출하여 현재 시간을 얻어내어 echo_end 변수에 저장합니다.

27 : echo_end에서 echo_begin 값을 뺀 후, echo_duration 변수에 저장합니다.

39 : echo_duration 값이 0이면 trig_pin을 통해 초음파 센서로 거리감지 신호를 보냅니다.

45 : echo_duration 값이 0이 아니면 거리를 계산합니다.

54 : echo_duration 값을 0으로 변경합니다.

03 [툴] 메뉴를 이용하여 보드, 포트를 다음과 같이 선택합니다.

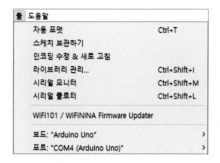

04 슬라이드 스위치를 USB 모드로 변경합니다.

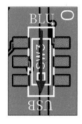

05 컴파일과 업로드를 수행합니다.

06 슬라이드 스위치를 BLU 모드로 변경합니다.

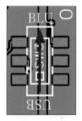

07 [시리얼 모니터] 버튼을 클릭합니다.

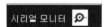

08 시리얼 통신 속도를 9600으로 맞추어 줍니다.

09 시리얼 모니터를 통해 센서 값을 확인합니다.

06-3 물체 감지 기능 추가하기

여기서는 프로젝트에 초음파 센서를 이용하여 전방에 물체가 놓여 있을 경우 그 물체를 감지하는 기능을 추가하도록 합니다.

전방 물체 감지하기

일단 전방에 물체가 있을 경우 거리를 측정하는 루틴을 추가해 보도록 합니다.

01 project_remote_rc_car_12를 project_remote_rc_car_13으로 저장한 후, 실습을 진행합니다.

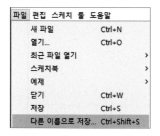

※ 제공되는 소스를 사용하여 실습할수도 있습니다.

02 다음과 같이 예제를 수정합니다.

```
project_remote_rc_car_13

01     void setup() {
02             remote_setup();
03             motor_setup();
04             light_setup();
05             horn_setup();
06             servo_setup();
07             distance_sensor_setup();
08     }
09
10     void loop() {
11             remote_loop();
12             motor_loop();
13             light_loop();
14             brightness_sensor_loop();
15             horn_loop();
16             distance_sensor_loop();
17     }
```

07 : distance_sensor_setup 함수를 호출하여 초음파 센서를 설정합니다. distance_sensor_setup 함수는 바로 뒤에서 정의해 줍니다.

16 : distance_sensor_loop 함수를 호출하여 초음파 센서를 통한 물체와의 거리 측정을 처리합니다. distance_sensor_loop 함수는 바로 뒤에서 정의해 줍니다.

03 초음파 센서 입력을 위해 distance_input 파일을 하나 추가합니다. 다음과 같이 [새 탭] 메뉴를 선택합니다.

04 추가할 파일의 이름으로 distance_input 입력한 후, [확인] 버튼을 누릅니다.

새로운 파일을 위한 이름: distance_input   확인   취소

05 다음과 같이 distance_input 파일이 추가된 것을 확인합니다.

project_remote_rc_car_13 | brightness_input | distance_input | horn_control | light_control | servo_control | wheel_control

06 distance_input 파일에 다음과 같이 예제를 추가합니다.

distance_input

```
01      #include <PinChangeInterrupt.h >
02
03      const int trig_pin =8;
04      const int echo_pin =13;
05
06      void distance_sensor_setup() {
07              pinMode(trig_pin, OUTPUT);
08              pinMode(echo_pin, INPUT);
09
10              attachPCINT(digitalPinToPCINT(echo_pin), echoIsr, CHANGE);
11      }
12
13      void distance_sensor_loop() {
14              triggering_distance_sensor();
15              check_distance_sensor_input();
16      }
```

01 : 핀 신호 변화 인터럽트를 사용하기 위해 PinChangeInterrupt.h 파일을 포함시킵니다.

03 : trig_pin 상수에 8번 핀을 할당합니다. trig_pin은 초음파 센서를 이용하여 물체와의 거리를 측정할 때 초음파 센서가 아두이노로부터 시작 신호를 받기 위한 핀입니다.

04 : echo_pin 상수에 13번 핀을 할당합니다. echo_pin은 초음파 센서를 이용하여 물체와의 거리를 측정할 때 측정된 거리 계산을 위한 핀입니다. 초음파 센서는 측정된 거리에 따라 echo_pin을 통해 사각파형의 길이를 아두이노로 전달합니다. 아두이노는 사각파형의 길이에 따라 거리를 계산할 수 있습니다.

06~11 : distance_sensor_setup 함수를 정의해 줍니다.

07 : trig_pin을 출력으로 설정합니다.

08 : echo_pin을 입력으로 설정합니다.

10 : attachPCINT 함수를 호출하여 echo_pin의 신호가 변경되면, 즉 LOW에서 HIGH로 또는 HIGH에서 LOW로 신호가 변경되면 echoIsr 함수가 호출되도록 echoIsr 함수를 등록합니다. digitalPinToPCINT 함수는 핀번호에 해당하는 인터럽트 번호를 알려주는 함수입니다.

13~16 : distance_sensor_loop 함수를 정의해 줍니다.

14 : triggering_distance_sensor 함수를 호출하여 초음파 센서가 거리 측정을 시작하도록 합니다. triggering_distance_sensor 함수는 바로 뒤에서 정의해 줍니다.

15 : check_distance_sensor_input 함수를 호출하여 초음파 센서가 측정한 거리를 확인하도록 합니다. check_distance_sensor_input 함수는 바로 뒤에서 정의해 줍니다.

07 다음과 같이 예제를 추가합니다.

```
distance_input
17
18     unsigned long distance_input =60; // cm
19     bool distance_input_changed =false;
20
21     void echoIsr(void) {
22             static volatile unsigned long echo_begin =0;
23             static volatile unsigned long echo_end =0;
24
25             unsigned int echo_pin_state = digitalRead(echo_pin);
26
27             if(echo_pin_state == HIGH) {
28                     echo_begin = micros();
29             } else {
30                     echo_end = micros();
31                     unsigned long echo_duration = echo_end - echo_begin;
32                     distance_input = echo_duration /58;
33                     distance_input_changed =true;
34             }
35     }
36
37     void triggering_distance_sensor() {
38             static unsigned long prev_millis =0;
39             const unsigned long interval_millis =20;
40
41             unsigned long curr_millis = millis();
42             if(curr_millis - prev_millis >= interval_millis) {
43                     prev_millis = curr_millis;
44
45                     // triggering
46                     ultrasonic_sensor_triggering();
47             }
48     }
49
50     void ultrasonic_sensor_triggering() {
51             digitalWrite(trig_pin, LOW);
52             delayMicroseconds(2);
53             digitalWrite(trig_pin, HIGH);
54             delayMicroseconds(10);
55             digitalWrite(trig_pin, LOW);
56     }
```

```
57
58    void check_distance_sensor_input() {
59        if(distance_input_changed) {
60            distance_input_changed =false;
61
62            Serial.print( " distance(cm): " );
63            Serial.println(distance_input);
64        }
65    }
```

18   : distance_input 변수를 선언한 후, 60으로 초기화합니다. distance_input 변수는 정수를 담을 수 있는 변수로 초음파 센서로부터 입력받은 거리 값을 저장하는 역할을 합니다.

19   : distance_input_changed 변수를 선언한 후, false로 초기화합니다. distance_input_changed 변수는 true나 false 값을 저장할 수 있는 변수로 초음파 센서로부터 거리 값을 새로 받았다는 것을 알리기 위해 사용됩니다.

21~35   : echolsr 함수를 정의합니다. echolsr 함수는 앞에서 살펴보았습니다.

37~48   : triggering_distance_sensor 함수를 정의합니다. triggering_distance_sensor 함수는 20밀리초 주기로 초음파 센서로 거리 측정 신호를 보냅니다.

46   : ultrasonic_sensor_triggering 함수를 호출하여 초음파 센서로 거리 측정 신호를 보냅니다. ultrasonic_sensor_triggering 함수는 바로 뒤에서 정의해 줍니다.

50~56   : ultrasonic_sensor_triggering 함수를 정의합니다.

58~65   : check_distance_sensor_input 함수를 정의합니다.

59   : distance_input_changed 값을 확인하여 전방 가까운 거리에 물체가 있는 것을 확인합니다.

60   : distance_input_changed 값을 false로 변경하여 59~64의 재수행을 멈춥니다.

62   : Serial.print 함수를 호출하여 "distance(cm):" 문자열을 출력합니다.

63   : Serial.println 함수를 호출하여 distance_input값을 출력합니다.

08 [툴] 메뉴를 이용하여 보드, 포트를 다음과 같이 선택합니다.

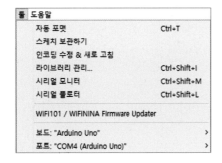

09 슬라이드 스위치를 USB 모드로 변경합니다.

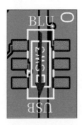

🔟 컴파일과 업로드를 수행합니다.

1️⃣1️⃣ 슬라이드 스위치를 BLU 모드로 변경합니다.

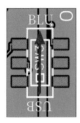

1️⃣2️⃣ [시리얼 모니터] 버튼을 클릭합니다.

1️⃣3️⃣ 시리얼 통신 속도를 9600으로 맞추어 줍니다.

1️⃣4️⃣ 시리얼 모니터를 통해 센서 값을 확인합니다. 동시에 주행, 조향 테스트를 수행합니다.

초음파 센서 오류 보정하기

초음파 센서를 이용하여 전방에 있는 물체를 감지할 경우 오류가 발생하는 경우가 있습니다. 여기서
는 초음파 센서의 오류를 어느 정도 방지할 수 있는 루틴을 추가하도록 합니다.

0️⃣1️⃣ project_remote_rc_car_13을 project_remote_rc_car_14로 저장한 후, 실습을 진행합니다.

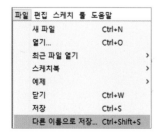

※ 제공되는 소스를 사용하여 실습할수도 있습니다.

다음과 같이 예제를 수정합니다.

```
distance_input
```

```
57
58      enum {
59              SOMETHING_NEAR =30, //cm
60      };
61
62      void check_distance_sensor_input() {
63              if(distance_input_changed) {
64                      distance_input_changed =false;
65
66                      Serial.print( "distance(cm): " );
67                      Serial.println(distance_input);
68
69                      static int emergency_level =0;
70                      if(distance_input <= SOMETHING_NEAR) {
71                              emergency_level ++;
72                              if(emergency_level ==7) {
73                                      emergency_level =0;
74                              }
75                      } else {
76                              if(emergency_level >0) {
77                                      emergency_level --;
78                              }
79                      }
80
81                      Serial.print( "#emergency: " );
82                      Serial.println(emergency_level);
83              }
84      }
```

58~60 : enum을 이용하여 상수 집합을 만들고 각 상수에 이름을 붙여줍니다. enum은 상수 집합을 만들고 각 상수에 이름을 붙여주는 방법이며, 코드에 대한 가독성을 높여주기 위해 사용합니다. 여기서는 초음파 센서를 통해 입력된 정수값에 대해 물체와 가까운 경계값을 정해 이름을 붙여주고 있습니다.

59 : 정수값 30의 이름을 SOMETHING_NEAR로 정의합니다.

69 : emergency_level 정적 변수를 선언합니다.

70 : distance_input 값이 SOMETHING_NEAR보다 작거나 같으면, 즉, 30cm 안쪽 거리에 어떤 물체가 있으면

71 : emergency_level 값을 1 증가시킵니다.

72 : emergency_level 값이 7이 되면

73 : emergency_level 값을 0으로 초기화합니다.

75 : distance_input 값이 SOMETHING_NEAR보다 크면, 즉, 30cm 안쪽 거리에 어떤 물체가 없으면

76 : emergency_level 값이 0보다 크면

77 : emergency_level 값을 1 감소시킵니다.

81 : Serial.print 함수를 호출해 "#emergency:" 물자열을 출력합니다.

82 : Serial.println 함수를 호출해 emergency_level 값을 출력합니다.

emergency_level에 단계를 주면 초음파 센서가 물체를 잘 못 인식해 없는 물체에 대해 30cm 이내에 물체가 있다고 인식할 경우 잘 못된 감지를 거를 수 있습니다.

03 [툴] 메뉴를 이용하여 보드, 포트를 다음과 같이 선택합니다.

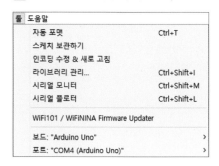

04 슬라이드 스위치를 USB 모드로 변경합니다.

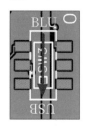

05 컴파일과 업로드를 수행합니다.

06 [시리얼 모니터] 버튼을 클릭합니다.

07 시리얼 통신 속도를 9600으로 맞추어 줍니다.

08 시리얼 모니터를 통해 센서 값을 확인합니다. 동시에 주행, 조향 테스트를 수행합니다.

06-4 물체 감지시 주행 정지하기

여기서는 프로젝트에 초음파 센서를 이용하여 전방에 물체가 놓여 있을 경우 정지하는 기능을 추가하도록 합니다. 또 LED를 켜고 경적을 울리는 기능을 추가하도록 합니다.

비상시 주행 멈추기

여기서는 전방 가까운 곳에 물체 감지시 RC카를 멈추도록 루틴을 추가해보도록 합니다.

01 project_remote_rc_car_14를 project_remote_rc_car_15로 저장한 후, 실습을 진행합니다.

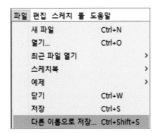

※ 제공되는 소스를 사용하여 실습할수도 있습니다.

02 다음과 같이 예제를 수정합니다.

```
distance_input
62    void check_distance_sensor_input() {
63        if(distance_input_changed) {
64            distance_input_changed =false;
65
66            Serial.print( "distance(cm): " );
67            Serial.println(distance_input);
68
69            static int emergency_level =0;
70            if(distance_input <= SOMETHING_NEAR) {
71                emergency_level ++;
72                if(emergency_level ==7) {
73                    emergency_level =0;
74
75                    remote_input = STOP;
76                    remote_input_changed =true;
77                }
78            } else {
79                if(emergency_level >0) {
80                    emergency_level --;
81                }
82            }
83
84            Serial.print( "#emergency: " );
85            Serial.println(emergency_level);
```

```
86                }
87        }
```

03 [툴] 메뉴를 이용하여 보드, 포트를 다음과 같이 선택합니다.

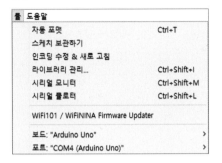

04 슬라이드 스위치를 USB 모드로 변경합니다.

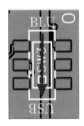

05 컴파일과 업로드를 수행합니다.

06 슬라이드 스위치를 BLU 모드로 변경합니다.

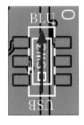

07 [Arduino Bluetooth RC Car] 앱을 실행시킨 후, RC카와 연결합니다.

08 RC카가 주행 상태에서 가까운 곳에 물체가 있을 경우 멈추는 지 확인합니다.

비상시 LED 켜고 경적 울리기

여기서는 전방 가까운 곳에 물체 감지시 LED를 켜고 경적을 울리는 루틴을 추가해보도록 합니다.

01 project_remote_rc_car_15를 project_remote_rc_car_16으로 저장한 후, 실습을 진행합니다.

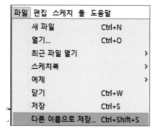

※ 제공되는 소스를 사용하여 실습할수도 있습니다.

02 다음과 같이 예제를 수정합니다.

```
distance_input

61
62          void check_distance_sensor_input() {
63              if(distance_input_changed) {
64                  distance_input_changed =false;
65
66                  Serial.print( " distance(cm): " );
67                  Serial.println(distance_input);
68
69                  static int emergency_level =0;
70                  if(distance_input <= SOMETHING_NEAR) {
71                      emergency_level ++;
72                      if(emergency_level ==7) {
73                          emergency_level =0;
74
75                          remote_input = STOP;
76                          remote_input_changed =true;
77
78                          light_onoff = ALLLIGHTON;
79                          light_onoff_changed =true;
80
81                          horn_state_changed =true;
82                      }
83                  } else {
84                      if(emergency_level >0) {
85                          emergency_level --;
86                          if(emergency_level ==0) {
87                              light_onoff = ALLLIGHTOFF;
88                              light_onoff_changed =true;
```

```
89                                    }
90                                }
91                            }
92
93                            Serial.print("#emergency:");
94                            Serial.println(emergency_level);
95                        }
96                    }
```

72 : emergency_level 값이 70이 되면

78 : light_onoff 값을 ALLLIGHTON으로 변경하고

79 : light_onoff_changed 값을 true로 설정하여 전조등과 후미등을 켭니다.

81 : horn_state_changed 값을 true로 설정하여 경적을 울립니다.

86 : emergency_level 값이 0이 되면

87 : light_onoff 값을 ALLLIGHTOFF으로 변경하고

88 : light_onoff_changed 값을 true로 설정하여 전조등과 후미등을 끕니다.

03 [툴] 메뉴를 이용하여 보드, 포트를 다음과 같이 선택합니다.

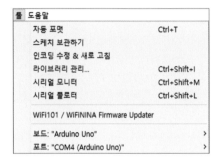

04 슬라이드 스위치를 USB 모드로 변경합니다.

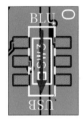

05 컴파일과 업로드를 수행합니다.

06 슬라이드 스위치를 BLU 모드로 변경합니다.

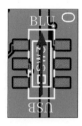

07 [Arduino Bluetooth RC Car] 앱을 실행시킨 후, RC카와 연결합니다.

08 RC카가 주행 상태에서 가까운 곳에 물체가 있을 경우 LED가 켜지고 경적이 울리는지 확인합니다.

이 예제를 수행하면 경적이 끊기는 현상이 발생합니다. 경적이 끊기는 현상은 Serial 출력을 막으면 해결됩니다. 경적 울림이 끊기는 형태로 들리면 Serial 출력 루틴에 의한 간섭 현상입니다.

07 물체 감지시 자동 우회 기능 추가하기

여기서는 전방 물체 감지시 주행을 멈춘후, 서보 모터와 초음파 센서를 이용하여 좌우를 살피고 물체가 없는 쪽으로 우회한 후 멈추어 대기하는 기능을 추가합니다. 그리고 자율 주행 기능을 추가해 RC카 스스로 물체를 감지하며 이동하도록 합니다.

07-1 비상 상태 처리하기

먼저 전방 물체 감지시 RC카의 비상 상태를 활성화시킵니다. 동시에 비상 상태를 처리하기 위해 초음파 센서의 추가 입력과 사용자로부터의 입력을 막습니다. 그리고 이전과 같이 주행을 멈추도록 합니다. 그리고 후진 후 멈추도록 합니다.

01 project_remote_rc_car_16을 project_remote_rc_car_17로 저장한 후, 실습을 진행합니다.

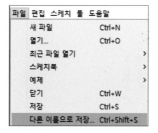

※ 제공되는 소스를 사용하여 실습할수도 있습니다.

02 다음과 같이 예제를 수정합니다.

```
distance_input
058     enum {
059             SOMETHING_NEAR =30; //cm
060     };
061
062     bool EMERGENCY_STATE_ENABLE =false;
063
064     void check_distance_sensor_input() {
065             if(distance_input_changed) {
066                     distance_input_changed =false;
067
068                     // Serial.print("distance(cm): ");
069                     // Serial.println(distance_input);
070
071                     static int emergency_level =0;
072                     if(distance_input <= SOMETHING_NEAR) {
073                             emergency_level ++;
074                             if(emergency_level ==7) {
075                                     emergency_level =0;
076
077                                     // remote_input = STOP;
078                                     // remote_input_changed = true;
079                                     //
080                                     // light_onoff = ALLLIGHTON;
081                                     // light_onoff_changed = true;
082                                     //
083                                     // horn_state_changed = true;
084
085                                     EMERGENCY_STATE_ENABLE =true;
086                             }
087                     } else {
088                             if(emergency_level >0) {
089                                     emergency_level --;
```

```
090                                          // if(emergency_level == 0) {
091                                          //   light_onoff = ALLLIGHTOFF;
092                                          //   light_onoff_changed = true;
093                                          // }
094                                     }
095                                }
096
097                           // Serial.print("#emergency: ");
098                           // Serial.println(emergency_level);
099                      }
100                 }
```

062 : EMERGENCY_STATE_ENABLE 변수를 선언한 후, false 값으로 초기화합니다. EMERGENCY_STATE_ENABLE 변수는 초음파 센서를 통해 가까운 거리에 있는 물체를 감지했을 경우 비상 상태를 활성화시키기 위한 변수입니다.

085 : EMERGENCY_STATE_ENABLE 값을 true로 설정하여 비상 상태임을 알립니다.

03 다음과 같이 예제를 수정합니다.

```
distance_input

37       void triggering_distance_sensor() {
38            static unsigned long prev_millis =0;
39            const unsigned long interval_millis =20;
40
41            unsigned long curr_millis = millis();
42            if(curr_millis - prev_millis >= interval_millis) {
43                 prev_millis = curr_millis;
44
45                 // 비상시 거리 센서 입력 막기
46                 extern bool EMERGENCY_STATE_ENABLE;
47                 if(EMERGENCY_STATE_ENABLE) return;
48
49                 // triggering
50                 ultrasonic_sensor_triggering();
51            }
52       }
```

46 : EMERGENCY_STATE_ENABLE 변수를 extern으로 선언하여 다른 곳에 EMERGENCY_STATE_ENABLE 변수가 선언되었다는 것을 알려줍니다. 여기서는 바로 앞 예제에서 선언된 EMERGENCY_STATE_ENABLE 변수를 알려주고 있습니다. extern은 다른 곳에 선언된 변수를 알려주는 역할을 합니다. 여기서 extern을 뺄 경우 새로운 EMERGENCY_STATE_ENABLE 변수가 만들어지게 됩니다.

47 : EMERGENCY_STATE_ENABLE 값이 true 값이면 triggering_distance_sensor 함수를 빠져 나갑니다. 즉, 50 줄에 있는 ultrasonic_sensor_triggering 함수를 호출하지 않으며, 초음파 센서를 통한 거리 측정을 하지 않습니다.

04 다음과 같이 예제를 수정합니다.

```
project_remote_rc_car_17

31      void check_remote_input() {
32          if(Serial.available()) {
33              char r_data = Serial.read();
34
35              // 비상시 사용자 입력 막기
36              extern bool EMERGENCY_STATE_ENABLE;
37              if(EMERGENCY_STATE_ENABLE) return;
38
39              if(r_data != remote_input) {
40                  remote_input = r_data;
41                  remote_input_changed =true;
42              }
43          }
44      }
```

36 : EMERGENCY_STATE_ENABLE 변수를 extern으로 선언하여 다른 곳에 EMERGENCY_STATE_ENABLE 변수가 선언되었다는 것을 알려줍니다. 여기서는 바로 앞 예제에서 선언된 EMERGENCY_STATE_ENABLE 변수를 알려주고 있습니다. extern은 다른 곳에 선언된 변수를 알려주는 역할을 합니다. 여기서 extern을 뺄 경우 새로운 EMERGENCY_STATE_ENABLE 변수가 만들어지게 됩니다.

37 : EMERGENCY_STATE_ENABLE 값이 true 값이면 이후의 루틴을 수행하지 않고 check_remote_input 함수를 빠져 나갑니다.

05 다음과 같이 예제를 수정합니다.

```
project_remote_rc_car_17

10      void loop() {
11          remote_loop();
12          motor_loop();
13          light_loop();
14          brightness_sensor_loop();
15          horn_loop();
16          distance_sensor_loop();
17          emergency_loop();
18      }
```

17 : emergency_loop 함수를 호출하여 비상 상황을 처리합니다. emergency_loop 함수는 바로 뒤에서 정의해 줍니다.

06 파일의 끝에 다음 루틴을 추가합니다.

```
distance_input
106    void emergency_loop() {
107        if(EMERGENCY_STATE_ENABLE) {
108            // 비상 상태 처리
109            // 1. 정지한다.
110            // 2. 불을 켠다.
111            // 3. 경적을 울린다.
112            // 4. 후진한다.
113            // 5. 좌우를 살핀다.
114            // 6. 물체가 없는 쪽으로 회전한다.
115            // 7. 비상 상태를 해제한다.
116            // 8. 불을 끈다.
117            // 9. 주행 명령을 기다린다.
118        }
119    }
```

106~119 : emergency_loop 함수를 정의합니다.

107 : EMERGENCY_STATE_ENABLE 값이 true이면 다음과 같은 순서로 비상 상태를 처리합니다.

1. 정지한다.
2. 불을 켠다.
3. 경적을 울린다.
4. 후진한다.
5. 좌우를 살핀다.
6. 물체가 없는 쪽으로 회전한다.
7. 비상 상태를 해제한다.
8. 불을 끈다.
9. 주행 명령을 기다린다.

07 다음과 같이 예제를 수정합니다.

```
distance_input
106    void emergency_loop() {
107        if(EMERGENCY_STATE_ENABLE) {
108            // 비상 상태 처리
109            // 1. 정지한다.
110            driving_action = STOP;
111            driving_action_changed =true;
112            // 2. 불을 켠다.
113            light_onoff = ALLLIGHTON;
114            light_onoff_changed =true;
115            // 3. 경적을 울린다.
116            horn_state_changed =true;
117            // 4. 후진한다.
118            // 5. 좌우를 살핀다.
```

```
119                    // 6. 물체가 없는 쪽으로 회전한다.
120                    // 7. 비상 상태를 해제한다.
121                    // 8. 불을 끈다.
122                    // 9. 주행 명령을 기다린다.
123            }
124    }
```

110 : driving_action 값을 STOP으로 변경하고
111 : driving_action_changed 값을 true로 설정하여
RC카를 멈추도록 합니다.
113 : light_onoff 값을 ALLLIGHTON으로 변경하고
114 : light_onoff_changed 값을 true로 설정하여 전조등과 후미등을 켭니다.
116 : horn_state_changed 값을 true로 설정하여 경적을 울립니다.

08 다음과 같이 예제를 수정합니다.

distance_input

```
106    void emergency_loop() {
107            if(EMERGENCY_STATE_ENABLE) {
108                    // 비상 상태 처리
109                    // 1. 정지한다.
110                    driving_action = STOP;
111                    driving_action_changed =true;
112                    // 2. 불을 켠다.
113                    light_onoff = ALLLIGHTON;
114                    light_onoff_changed =true;
115                    // 3. 경적을 울린다.
116                    horn_state_changed =true;
117                    // 4. 후진한다.
118                    go_backward();
119                    delay(2000);
120                    stop_driving();
121                    // 5. 좌우를 살핀다.
122                    // 6. 물체가 없는 쪽으로 회전한다.
123                    // 7. 비상 상태를 해제한다.
124                    EMERGENCY_STATE_ENABLE =false;
125                    // 8. 불을 끈다.
126                    light_onoff = ALLLIGHTOFF;
127                    light_onoff_changed =true;
128                    // 9. 주행 명령을 기다린다.
129            }
130    }
```

118 : go_backward 함수를 호출하여 후진합니다.
119 : 2000 밀리초(=2초)간 지연을 줍니다.
120 : stop_driving 함수를 호출하여 주행을 멈춥니다.
124 : EMERGENCY_STATE_ENABLE 값을 false로 설정하여 비상상태를 해제합니다.
126 : light_onoff 값을 ALLLIGHTOFF으로 변경하고
127 : light_onoff_changed 값을 true로 설정하여 전조등과 후미등을 끕니다.

09 [툴] 메뉴를 이용하여 보드, 포트를 다음과 같이 선택합니다.

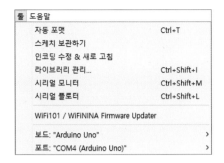

10 슬라이드 스위치를 USB 모드로 변경합니다.

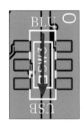

11 컴파일과 업로드를 수행합니다.

12 슬라이드 스위치를 BLU 모드로 변경합니다.

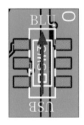

13 [Arduino Bluetooth RC Car] 앱을 실행시킨 후, RC카와 연결합니다.

14 RC카가 주행 상태에서 가까운 곳에 물체가 있을 경우 LED가 켜지고 경적이 울리는지 확인합니다.

delay 함수에 의해 전조등, 후미등의 기능이 제대로 동작하지 않으며, 경적의 반응이 늦습니다. 경적 소리가 깨지는 현상은 중간 중간에 있는 시리얼 출력으로 인해 발생합니다. 시리얼 출력을 없애주면 맑은 소리를 들을 수 있습니다.

07-2 millis 함수로 비상 상태 처리하기

여기서는 다른 루틴을 간섭하지 않도록 millis 함수를 이용하여 센서를 주기적으로 읽어오는 루틴으로 변경하도록 합니다. 그래서 전조등, 후미등, 경적의 반응이 늦지 않고 바로 반응하도록 합니다.

01 project_remote_rc_car_17을 project_remote_rc_car_18로 저장한 후, 실습을 진행합니다.

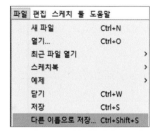

※ 제공되는 소스를 사용하여 실습할수도 있습니다.

02 다음과 같이 예제를 수정합니다.

```
distance_input
106     void emergency_loop() {
107         static unsigned long prev_millis =0;
108         const unsigned long interval_millis =1;
109         static int process_emergency_state =0;
110
111         if(EMERGENCY_STATE_ENABLE) {
112             unsigned long curr_millis = millis();
113             if(curr_millis - prev_millis >= interval_millis) {
114                 prev_millis = curr_millis;
115
116                 process_emergency_state ++;
117                 Serial.print("emergency state#");
118                 Serial.println(process_emergency_state);
119                 // 비상 상태 처리
120                 // 1. 정지한다.
121                 // 2. 불을 켠다.
122                 // 3. 경적을 울린다.
123                 // 4. 후진한다.
124                 // 5. 좌우를 살핀다.
125                 // 6. 물체가 없는 쪽으로 회전한다.
126                 // 7. 비상 상태를 해제한다.
127                 // 8. 불을 끈다.
128                 // 9. 주행 명령을 기다린다.
129             }
130         }
131     }
```

107 : prev_millis 정적 변수를 선언합니다.

108 : interval_millis 상수를 선언합니다.

prev_millis 변수와 interval_millis 상수는 같이 사용되어 1 밀리초 간격으로 비상상태 처리를 위해 사용하는 변수입니다. prev_millis 변수는 0, 1, 2, ...과 같은 값을 시간에 따라 차례로 저장하게 됩니다.

109 : process_emergency_state 정적 변수를 선언합니다. process_emergency_state 변수는 1 밀리초 간격으로 1씩 증가 하며 초음파 센서에 의해 물체가 감지되었을 경우 비상 상태를 처리하는데 사용하는 변수입니다.

111 : EMERGENCY_STATE_ENABLE 값을 확인하여 비상 상태인지 확인합니다.

112 : millis 함수를 호출하여 현재 시간을 얻어냅니다. millis 함수는 아두이노의 동작이 시작된 이후의 밀리초 단위의 시간 을 알려줍니다.

113 : 현재 시간이 이전 시간으로부터 1 밀리초가 지났다면

114 : 이전 시간을 현재 시간으로 변경합니다.

116 : process_emergency_state 값을 하나 증가시킵니다.

117 : Serial.print 함수를 호출하여 "emergency state#" 문자열을 출력합니다.

118 : Serial.println 함수를 호출하여 process_emergency_state 값을 출력합니다.

03 다음과 같이 예제를 수정합니다.

```
distance_input

106    void emergency_loop() {
107        static unsigned long prev_millis =0;
108        const unsigned long interval_millis =1;
109        static int process_emergency_state =0;
110
111        if(EMERGENCY_STATE_ENABLE) {
112            unsigned long curr_millis = millis();
113            if(curr_millis - prev_millis >= interval_millis) {
114                prev_millis = curr_millis;
115
116                process_emergency_state ++;
117
118                // 비상 상태 처리
119                if(process_emergency_state ==1) {
120                    // 1. 정지한다.
121                    driving_action = STOP;
122                    driving_action_changed =true;
123                    // 2. 불을 켠다.
124                    light_onoff = ALLLIGHTON;
125                    light_onoff_changed =true;
126                    // 3. 경적을 울린다.
127                    horn_state_changed =true;
128                } else if(process_emergency_state ==500) {
129                    // 4. 후진한다.
130                    driving_action = GOBACKWARD;
131                    driving_action_changed =true;
132                } else if(process_emergency_state ==2000) {
133                    // 멈춘다.
```

```
134                                   driving_action = STOP;
135                                   driving_action_changed =true;
136                               }
137                               // 5. 좌우를 살핀다.
138                               // 6. 물체가 없는 쪽으로 회전한다.
139                               else if(process_emergency_state ==10000) {
140                                   process_emergency_state =0;
141                                   // 7. 비상 상태를 해제한다.
142                                   EMERGENCY_STATE_ENABLE =false;
143                                   // 8. 불을 끈다.
144                                   light_onoff = ALLLIGHTOFF;
145                                   light_onoff_changed =true;
146                                   // 9. 주행 명령을 기다린다.
147                               }
148                           }
149                       }
150               }
```

119 : process_emergency_state 값이 10이면

121 : driving_action 값을 STOP으로 변경하고

122 : driving_action_changed 값을 true로 설정하여 RC카를 멈추도록 합니다.

124 : light_onoff 값을 ALLLIGHTON으로 변경하고

125 : light_onoff_changed 값을 true로 설정하여 전조등과 후미등을 켭니다.

127 : horn_state_changed 값을 true로 설정하여 경적을 울립니다.

128 : process_emergency_state 값이 5000이면

130 : driving_action 값을 GOBACKWARD로 변경하고

131 : driving_action_changed 값을 true로 설정하여 RC카를 후진하도록 합니다.

132 : process_emergency_state 값이 20000이면

134 : driving_action 값을 STOP으로 변경하고

135 : driving_action_changed 값을 true로 설정하여 RC카를 멈추도록 합니다.

139 : process_emergency_state 값이 100000이면

140 : process_emergency_state 값을 0으로 초기화하고,

142 : EMERGENCY_STATE_ENABLE 값을 false로 설정하여 비상상태를 해제합니다.

144 : light_onoff 값을 ALLLIGHTOFF으로 변경하고

145 : light_onoff_changed 값을 true로 설정하여 전조등과 후미등을 끕니다.

04 [툴] 메뉴를 이용하여 보드, 포트를 다음과 같이 선택합니다.

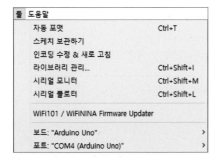

05 슬라이드 스위치를 USB 모드로 변경합니다.

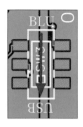

06 컴파일과 업로드를 수행합니다.

07 슬라이드 스위치를 BLU 모드로 변경합니다.

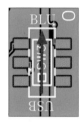

08 [Arduino Bluetooth RC Car] 앱을 실행시킨 후, RC카와 연결합니다.

09 RC카가 주행 상태에서 가까운 곳에 물체가 있을 경우 멈춘 후, LED가 켜지고 경적이 울리는지 확인합니다. 그리고 후진 후, LED가 꺼지는지 확인합니다.

07-3 좌우 물체 감지하기

여기서는 서보 모터를 제어하여 좌우를 살피도록 합니다. 그리고 초음파 센서를 이용하여 좌우 거리를 측정하도록 합니다.

서보 모터로 좌우 보기

먼저 서보 모터를 회전시켜 좌우를 보도록 합니다.

01 project_remote_rc_car_18을 project_remote_rc_car_19로 저장한 후, 실습을 진행합니다.

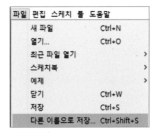

※ 제공되는 소스를 사용하여 실습할수도 있습니다.

02 다음과 같이 예제를 수정합니다.

distance_input

```
106        void emergency_loop() {
107            static unsigned long prev_millis =0;
108            const unsigned long interval_millis =1;
109            static int process_emergency_state =0;
110
111            if(EMERGENCY_STATE_ENABLE) {
112                unsigned long curr_millis = millis();
113                if(curr_millis - prev_millis >= interval_millis) {
114                    prev_millis = curr_millis;
115
116                    process_emergency_state ++;
117                    // 비상 상태 처리
118                    if(process_emergency_state ==1) {
119                        // 1. 정지한다.
120                        driving_action = STOP;
121                        driving_action_changed =true;
122                        // 2. 불을 켠다.
123                        light_onoff = ALLLIGHTON;
124                        light_onoff_changed =true;
125                        // 3. 경적을 울린다.
126                        horn_state_changed =true;
127                    } else if(process_emergency_state ==500) {
128                        // 4. 후진한다.
129                        driving_action = GOBACKWARD;
130                        driving_action_changed =true;
131                    } else if(process_emergency_state ==2000) {
132                        // 멈춘다.
133                        driving_action = STOP;
134                        driving_action_changed =true;
135                        // 5. 좌우를 살핀다.
136                        facing_left();
137                    } else if(process_emergency_state ==4000) {
```

```
138                                  facing_right();
139                      } else if(process_emergency_state ==6000) {
140                                  facing_front();
141                      }
142                      // 6. 물체가 없는 쪽으로 회전한다.
143                      else if(process_emergency_state ==10000) {
144                                  process_emergency_state =0;
145                                  // 7. 비상 상태를 해제한다.
146                                  EMERGENCY_STATE_ENABLE =false;
147                                  // 8. 불을 끈다.
148                                  light_onoff = ALLLIGHTOFF;
149                                  light_onoff_changed =true;
150                                  // 9. 주행 명령을 기다린다.
151                      }
152               }
153          }
154     }
```

137 : process_emergency_state 값이 4000이면

138 : facing_right 함수를 호출하여 초음파 센서가 오른쪽을 보게 합니다.

139 : process_emergency_state 값이 6000이면

140 : facing_left 함수를 호출하여 초음파 센서가 왼쪽을 보게 합니다.

03 [툴] 메뉴를 이용하여 보드, 포트를 다음과 같이 선택합니다.

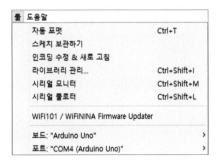

04 슬라이드 스위치를 USB 모드로 변경합니다.

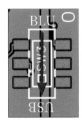

05 컴파일과 업로드를 수행합니다.

슬라이드 스위치를 BLU 모드로 변경합니다.

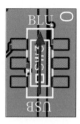

07 [Arduino Bluetooth RC Car] 앱을 실행시킨 후, RC카와 연결합니다.

08 RC카가 주행 상태에서 가까운 곳에 물체가 있을 경우 멈춘 후, LED가 켜지고 경적이 울리는지 확인합니다. 그리고 후진 후, 좌우를 살피는지 확인합니다.

초음파 센서로 좌우 거리 측정하기

여기서는 초음파 센서를 이용하여 좌우 거리를 측정하는 루틴을 추가하도록 합니다.

01 project_remote_rc_car_19를 project_remote_rc_car_20으로 저장한 후, 실습을 진행합니다.

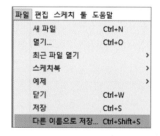

※ 제공되는 소스를 사용하여 실습할수도 있습니다.

02 다음과 같이 예제를 수정합니다.

```
distance_input
106    void emergency_loop() {
107        static unsigned long prev_millis =0;
108        const unsigned long interval_millis =1;
109        static int process_emergency_state =0;
110
111        if(EMERGENCY_STATE_ENABLE) {
112            unsigned long curr_millis = millis();
113            if(curr_millis - prev_millis >= interval_millis) {
```

```
114                         prev_millis = curr_millis;
115
116                         process_emergency_state ++;
117                         // 비상 상태 처리
118                         if(process_emergency_state ==1) {
119                                 // 1. 정지한다.
120                                 driving_action = STOP;
121                                 driving_action_changed =true;
122                                 // 2. 불을 켠다.
123                                 light_onoff = ALLLIGHTON;
124                                 light_onoff_changed =true;
125                                 // 3. 경적을 울린다.
126                                 horn_state_changed =true;
127                         } else if(process_emergency_state ==500) {
128                                 // 4. 후진한다.
129                                 driving_action = GOBACKWARD;
130                                 driving_action_changed =true;
131                         } else if(process_emergency_state ==2000) {
132                                 // 멈춘다.
133                                 driving_action = STOP;
134                                 driving_action_changed =true;
135                                 // 5. 좌우를 살핀다.
136                                 facing_left();
137                         } else if(process_emergency_state ==3000) {
138                                 ultrasonic_sensor_triggering();
139                         } else if(process_emergency_state ==3030) {
140                                 check_left_distance();
141                         } else if(process_emergency_state ==4000) {
142                                 facing_right();
143                         } else if(process_emergency_state ==5000) {
144                                 ultrasonic_sensor_triggering();
145                         } else if(process_emergency_state ==5030) {
146                                 check_right_distance();
147                         } else if(process_emergency_state ==6000) {
148                                 facing_front();
149                         }
150                         // 6. 물체가 없는 쪽으로 회전한다.
151                         else if(process_emergency_state ==10000) {
152                                 process_emergency_state =0;
153                                 // 7. 비상 상태를 해제한다.
154                                 EMERGENCY_STATE_ENABLE =false;
155                                 // 8. 불을 끈다.
156                                 light_onoff = ALLLIGHTOFF;
157                                 light_onoff_changed =true;
158                                 // 9. 주행 명령을 기다린다.
159                         }
160                 }
161         }
162 }
```

137 : process_emergency_state 값이 30000이면

138 : ultrasonic_sensor_triggering 함수를 호출하여 초음파 센서가 거리감지를 시작하게 합니다.

139 : process_emergency_state 값이 30300이면

140 : check_left_distance 함수를 호출하여 초음파 센서가 왼쪽 거리를 측정하게 합니다. check_left_distance 함수는 바로 뒤에서 정의해 줍니다.

143 : process_emergency_state 값이 50000이면

144 : ultrasonic_sensor_triggering 함수를 호출하여 초음파 센서가 거리감지를 시작하게 합니다.

145 : process_emergency_state 값이 50300이면

146 : check_right_distance 함수를 호출하여 초음파 센서가 오른쪽 거리를 측정하게 합니다. check_right_distance 함수는 바로 뒤에서 정의해 줍니다.

03 다음과 같이 루틴을 추가합니다.

```
163
164     long left_distance =0;
165     long right_distance =0;
166
167     void check_left_distance() {
168             left_distance = distance_input;
169             Serial.print( "#left(cm): " );
170             Serial.println(left_distance);
171     }
172
173     void check_right_distance() {
174             right_distance = distance_input;
175             Serial.print( "right(cm): " );
176             Serial.println(right_distance);
177     }
```

164 : left_distance 변수를 선언한 후, 0으로 초기화합니다. left_distance 변수는 초음파 센서에 의해 측정된 왼쪽의 거리값을 저장합니다.

165 : right_distance 변수를 선언한 후, 0으로 초기화합니다. right_distance 변수는 초음파 센서에 의해 측정된 오른쪽의 거리값을 저장합니다.

167~171 : check_left_distance 함수를 정의합니다.

168 : left_distance 변수에 distance 값을 대입합니다.

169 : Serial.print 함수를 호출하여 "#left(cm):" 문자열을 출력합니다.

170 : Serial.println 함수를 호출하여 left_distance 값을 출력합니다.

173~177 : check_right_distance 함수를 정의합니다.

174 : right_distance 변수에 distance 값을 대입합니다.

175 : Serial.print 함수를 호출하여 "right(cm):" 문자열을 출력합니다.

176 : Serial.println 함수를 호출하여 right_distance 값을 출력합니다.

04 [툴] 메뉴를 이용하여 보드, 포트를 다음과 같이 선택합니다.

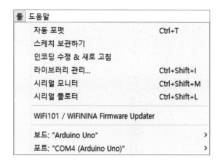

05 슬라이드 스위치를 USB 모드로 변경합니다.

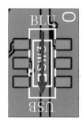

06 컴파일과 업로드를 수행합니다.

07 슬라이드 스위치를 BLU 모드로 변경합니다.

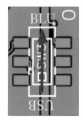

08 [Arduino Bluetooth RC Car] 앱을 실행시킨 후, RC카와 연결합니다.

09 [시리얼 모니터] 버튼을 클릭합니다.

10 시리얼 통신 속도를 9600으로 맞추어 줍니다.

11 시리얼 모니터를 통해 비상시 좌우 거리 측정 값을 확인합니다.

07-4 자동 우회하기

여기서는 좌우를 살핀 후, 물체가 없는 쪽으로 우회하는 기능을 추가해보도록 합니다.

01 project_remote_rc_car_20을 project_remote_rc_car_21로 저장한 후, 실습을 진행합니다.

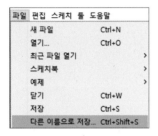

※ 제공되는 소스를 사용하여 실습할수도 있습니다.

02 다음과 같이 예제를 수정합니다.

```
distance_input
106    void emergency_loop() {
107        static unsigned long prev_millis =0;
108        const unsigned long interval_millis =1;
109        static int process_emergency_state =0;
110
111        if(EMERGENCY_STATE_ENABLE) {
112            unsigned long curr_millis = millis();
113            if(curr_millis - prev_millis >= interval_millis) {
114                prev_millis = curr_millis;
115
116                process_emergency_state ++;
117                // 비상 상태 처리
118                if(process_emergency_state ==1) {
119                    // 1. 정지한다.
120                    driving_action = STOP;
121                    driving_action_changed =true;
122                    // 2. 불을 켠다.
123                    light_onoff = ALLLIGHTON;
```

```
124                                    light_onoff_changed =true;
125                                    // 3. 경적을 울린다.
126                                    horn_state_changed =true;
127                        } else if(process_emergency_state ==500) {
128                                    // 4. 후진한다.
129                                    driving_action = GOBACKWARD;
130                                    driving_action_changed =true;
131                        } else if(process_emergency_state ==2000) {
132                                    // 멈춘다.
133                                    driving_action = STOP;
134                                    driving_action_changed =true;
135                                    // 5. 좌우를 살핀다.
136                                    facing_left();
137                        } else if(process_emergency_state ==3000) {
138                                    ultrasonic_sensor_triggering();
139                        } else if(process_emergency_state ==3030) {
140                                    check_left_distance();
141                        } else if(process_emergency_state ==4000) {
142                                    facing_right();
143                        } else if(process_emergency_state ==5000) {
144                                    ultrasonic_sensor_triggering();
145                        } else if(process_emergency_state ==5030) {
146                                    check_right_distance();
147                        } else if(process_emergency_state ==6000) {
148                                    facing_front();
149                                    // 6. 물체가 없는 쪽으로 회전한다.
150                                    turn_left_or_right();
151                        } else if(process_emergency_state ==8000) {
152                                    // 전진한다.
153                                    driving_action = GOFORWARD;
154                                    driving_action_changed =true;
155                        } else if(process_emergency_state ==9000) {
156                                    // 멈춘다.
157                                    driving_action = STOP;
158                                    driving_action_changed =true;
159                        } else if(process_emergency_state ==10000) {
160                                    process_emergency_state =0;
161                                    // 7. 비상 상태를 해제한다.
162                                    EMERGENCY_STATE_ENABLE =false;
163                                    // 8. 불을 끈다.
164                                    light_onoff = ALLLIGHTOFF;
165                                    light_onoff_changed =true;
166                                    // 9. 주행 명령을 기다린다.
167                        }
168                    }
169            }
170    }
```

147 : process_emergency_state 값이 6000이면

150 : turn_left_or_right 함수를 호출하여 왼쪽 또는 오른쪽으로 회전합니다. turn_left_or_right 함수는 바로 뒤에서 정의해 줍니다.

151 : process_emergency_state 값이 8000이면

153 : driving_action 값을 GOFORWARD로 변경하고

154 : driving_action_changed 값을 true로 설정하여 RC카를 전진하도록 합니다.

155 : process_emergency_state 값이 9000이면

157 : driving_action 값을 STOP으로 변경하고

158 : driving_action_changed 값을 true로 설정하여 RC카를 멈추도록 합니다.

03 다음과 같이 예제를 추가합니다.

```
186
187     void turn_left_or_right() {
188             if(left_distance >= right_distance) {
189                     //좌회전
190                     driving_action = GOFORWARDLEFT;
191                     driving_action_changed =true;
192             } else {
193                     //우회전
194                     driving_action = GOFORWARDRIGHT;
195                     driving_action_changed =true;
196             }
197     }
```

187~197 : turn_left_or_right 함수를 정의합니다.

188   : left_distance 값이 right_distance 값보다 크거나 같으면

190   : driving_action 값을 GOFORWARDLEFT로 변경하고

191   : driving_action_changed 값을 true로 설정하여 RC카를 좌회전하도록 합니다.

192   : left_distance 값이 right_distance 값보다 작으면

194   : driving_action 값을 GOFORWARDRIGHT로 변경하고

195   : driving_action_changed 값을 true로 설정하여 RC카를 우회전하도록 합니다.

04 슬라이드 스위치를 USB 모드로 변경합니다.

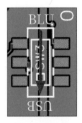

05 컴파일과 업로드를 수행합니다.

06 슬라이드 스위치를 BLU 모드로 변경합니다.

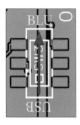

07 [Arduino Bluetooth RC Car] 앱을 실행시킨 후, RC카와 연결합니다.

08 물체가 없는 방향으로 우회하는지 확인합니다.

07-5 자율 주행 기능 추가하기

여기서는 자율 주행 기능을 추가해 보도록 합니다.

01 project_remote_rc_car_21을 project_remote_rc_car_22로 저장한 후, 실습을 진행합니다.

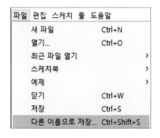

※ 제공되는 소스를 사용하여 실습할수도 있습니다.

02 다음과 같이 예제를 수정합니다.

```
project_remote_rc_car_22
29       char remote_input;
30       bool remote_input_changed =false;
31
32       enum {
33               AUTOMATIC = 'X',
34               MANUAL = 'x',
35       }; /*AUTOMAITC DRIVING*/
```

```
36
37        bool AUTOMATIC_DRIVING_ENABLE =false;
38
39    void check_remote_input() {
40            if(Serial.available()) {
41                    char r_data = Serial.read();
42
43                    if(r_data == AUTOMATIC) {
44                            AUTOMATIC_DRIVING_ENABLE =true;
45                            return;
46                    }
47
48                    if(AUTOMATIC_DRIVING_ENABLE) {
49                            if(r_data == MANUAL) {
50                                    AUTOMATIC_DRIVING_ENABLE =false;
51                            } else return;
52                    }
53
54                    // 비상시 사용자 입력 막기
55                    extern bool EMERGENCY_STATE_ENABLE;
56                    if(EMERGENCY_STATE_ENABLE) return;
57
58                    if(r_data != remote_input) {
59                            remote_input = r_data;
60                            remote_input_changed =true;
61                    }
62            }
63    }
```

32~35 : enum을 이용하여 상수 집합을 만들고 각 상수에 이름을 붙여줍니다. enum은 상수 집합을 만들고 각 상수에 이름을 붙여주는 방법이며, 코드에 대한 가독성을 높여주기 위해 사용합니다. 여기서는 자율주행 또는 수동주행을 위한 문자에 이름을 붙여주고 있습니다.

33 : 대문자 'X' 문자의 이름을 AUTOMATIC으로 정의합니다.

34 : 소문자 'x' 문자의 이름을 MANUAL로 정의합니다.

37 : AUTOMATIC_DRIVING_ENABLE 변수를 선언한 후, false 값으로 초기화합니다. AUTOMATIC_DRIVING_ENABLE 변수는 자율주행 상태를 활성화시키기 위한 변수입니다.

43 : r_data 값이 AUTOMATIC이면

44 : AUTOMATIC_DRIVING_ENABLE 값을 true로 설정하여 자율주행 상태임을 알립니다.

45 : check_remote_input 함수를 빠져나갑니다.

48 : AUTOMATIC_DRIVING_ENABLE 값이 true이면, 즉, 자율주행 상태이면

49 : r_data 값이 MANUAL이면

50 : AUTOMATIC_DRIVING_ENABLE 값을 false로 설정하여 자율주행 상태를 해제합니다.

51 : r_data 값이 MANUAL이 아니면 check_remote_input 함수를 빠져나갑니다. 즉, 자율주행 상태에서 MANUAL 값이 제외한 나머지 값이 들어오면 이후의 루틴을 수행하지 않고 함수를 빠져 나갑니다.

03 다음과 같이 예제를 수정합니다.

```
project_remote_rc_car_22
10      void loop() {
11              remote_loop();
12              motor_loop();
13              light_loop();
14              brightness_sensor_loop();
15              horn_loop();
16              distance_sensor_loop();
17              emergency_loop();
18              automatic_driving_loop();
19      }
```

18 : automatic_driving_loop 함수를 호출하여 자율주행을 처리합니다. automatic_driving_loop 함수는 바로 뒤에서 정의해
줍니다.

04 자율 주행 기능 추가를 위해 automatic 파일을 하나 추가합니다. 다음과 같이 [새 탭] 메뉴를 선
택합니다.

05 추가할 파일의 이름으로 automatic을 입력한 후, [확인] 버튼을 누릅니다.

| 새로운 파일을 위한 이름: | automatic | 확인 | 취소 |

06 다음과 같이 automatic 파일이 추가된 것을 확인합니다.

| project_remote_rc_car_22 | automatic | brightness_input | distance_input | horn_control | light_control | servo_control | wheel_control |

07 다음과 같이 예제를 추가합니다.

```
automatic
01      void automatic_driving_loop() {
02              process_automatic_driving();
03      }
```

01~03 : automatic_driving_loop 함수를 정의합니다.

02 : process_automatic_driving 함수를 호출하여 자율주행을 처리합니다. process_automatic_driving 함수는 바로
뒤에서 정의해 줍니다.

08 다음과 같이 예제를 수정합니다.

```
automatic
04
05    void process_automatic_driving() {
06            if(AUTOMATIC_DRIVING_ENABLE) {
07
08            }
09    }
```

05~09 : process_automatic_driving 함수를 정의합니다.

06 : AUTOMATIC_DRIVING_ENABLE 값을 확인하여 자율주행 상태가 활성화되어 있는지 확인합니다.

09 다음과 같이 예제를 수정합니다.

```
automatic
05    void process_automatic_driving() {
06            static unsigned long prev_millis =0;
07            const unsigned long interval_millis =100;
08
09            if(AUTOMATIC_DRIVING_ENABLE) {
10                    unsigned long curr_millis = millis();
11                    if(curr_millis - prev_millis >= interval_millis) {
12                            prev_millis = curr_millis;
13
14                    }
15            }
16    }
```

06 : prev_millis 정적 변수를 선언합니다.

07 : interval_millis 상수를 선언합니다.

prev_millis 변수와 interval_millis 상수는 같이 사용되어 100밀리초 간격으로 RC카 주행을 위해 사용하는 변수입니다. prev_millis 변수는 0, 100, 200, ...과 같은 값을 시간에 따라 차례로 저장하게 됩니다.

09 : AUTOMATIC_DRIVING_ENABLE 값을 확인하여 자율주행 상태인지 확인합니다.

10 : mills 함수를 호출하여 현재 시간을 얻어냅니다. millis 함수는 아두이노의 동작이 시작된 이후의 밀리초 단위의 시간을 알려줍니다.

11 : 현재 시간이 이전 시간으로부터 100 밀리초가 지났다면

12 : 이전 시간을 현재 시간으로 변경합니다.

10 다음과 같이 예제를 수정합니다.

```
automatic
05    void process_automatic_driving() {
06            static unsigned long prev_millis =0;
07            const unsigned long interval_millis =100;
```

```
08
09              if(AUTOMATIC_DRIVING_ENABLE) {
10                      unsigned long curr_millis = millis();
11                      if(curr_millis - prev_millis >= interval_millis) {
12                              prev_millis = curr_millis;
13
14                              driving_action = GOFORWARD;
15                              driving_action_changed =true;
16                      }
17              }
18      }
```

14 : motor_input 값을 GOFORWARD로 변경하고

15 : motor_state_changed 값을 true로 설정하여 RC카를 전진하도록 합니다.

11 다음과 같이 예제를 수정합니다.

```
automatic

05      void process_automatic_driving() {
06              static unsigned long prev_millis =0;
07              const unsigned long interval_millis =100;
08
09              // 비상시 자동 입력 막기
10              extern bool EMERGENCY_STATE_ENABLE;
11              if(EMERGENCY_STATE_ENABLE) return;
12
13              if(AUTOMATIC_DRIVING_ENABLE) {
14                      unsigned long curr_millis = millis();
15                      if(curr_millis - prev_millis >= interval_millis) {
16                              prev_millis = curr_millis;
17
18                              driving_action = GOFORWARD;
19                              driving_action_changed =true;
20                      }
21              }
22      }
```

10 : EMERGENCY_STATE_ENABLE 변수를 extern으로 선언하여 다른 곳에 EMERGENCY_STATE_ENABLE 변수가 선언되었다는 것을 알려줍니다. extern은 다른 곳에 선언된 변수를 알려주는 역할을 합니다. 여기서 extern을 뺄 경우 새로운 EMERGENCY_STATE_ENABLE 변수가 만들어지게 됩니다.

11 : EMERGENCY_STATE_ENABLE 값이 true 값이면 이후의 루틴을 수행하지 않고 process_automatic_driving 함수를 빠져 나갑니다.

12 슬라이드 스위치를 USB 모드로 변경합니다.

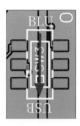

13 컴파일과 업로드를 수행합니다.

14 슬라이드 스위치를 BLU 모드로 변경합니다.

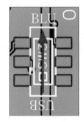

15 [Arduino Bluetooth RC Car] 앱을 실행시킨 후, RC카와 연결합니다.

16 X, x 문자를 보내 자율 주행, 수동 주행 전환을 해보고, 자율 주행 기능이 제대로 수행되는지 확인합니다.

함께 보면 도움되는 추천 도서

한 권으로 끝내는
아두이노 입문+실전(종합편)
기초부터 수준 높은 프로젝트까지
서민우, 박준원 공저 | 20,000원

블루투스와 와이파이 통신을 이용한
아두이노와 앱인벤터 입문+실전(종합편)
장문철 저 | 22,000원

진짜 코딩하며 배우는 파이썬
바리스타 프로그램 만들기

서민우, 박준원 공저 | 17,700원

진짜 코딩하며 배우는 라즈베리파이 4
기초 예제부터 음성인식과 인공지능으로 대화하기까지
서민우 저 | 21,000원

아두이노 배우면서 사물 인터넷(IoT) 직접 코딩하기

NodeMCU를 활용한 사물 인터넷

서민우, 박준원 공저 | 22,000원

아두이노 드론 만들고 직접 코딩하기
[4판] _ 드론 코드 완전 개정

아두이노 드론 만들고 직접 코딩하여 제어하고 날려보자!

서민우 저 | 22,000원

마이크로비트로 배우는 파이썬

하드웨어를 동작시키며 진짜 재미있게 배우는 파이썬 입문 활용서!

서민우 저 | 18,800원

IoT 사물인터넷을 위한
라즈베리파이 4 정석

최주호, 김재범, 정동진 공저 | 22,000원

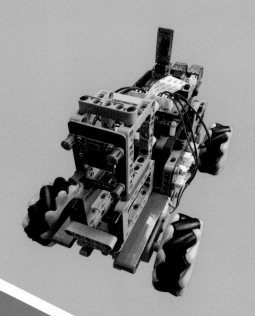